圖解

必學的

大數據 下
統計基礎

前　言

不知不覺中，人們進入了一個資料為王的時代。「Big Data（大數據，或譯巨量資料）」這個字眼以一種迅雷不及掩耳之勢進入人們的視野，更加強調了資料在這個時代的重要性。不管人們願意或者不願意，都在誠惶誠恐地擁抱著這個所謂的大數據時代。大數據這個議題受到很大的關注，因而也抄熱了另外一個看上去有點神秘、有點距離感的學科：統計學。

為什麼編寫本書

筆者作為一個在校園裡學了 11 年統計學的資深學院派，深深地被這門學科打動：它有著數學的美感，充滿了哲學的智慧，並且透露出思辨的洞察力。你可以把它看作一種工具，或者一種武器。有了它，你可以事半功倍地直擊事物本質的規律。

筆者很想把這門學科分享給有興趣的人。這就是編寫這本書的初衷。

統計學本身就是大數據時代的一門重要學科。隨著大數據逐漸走進公眾的視野，統計學也必然會迎來更多的關注。這就意味著，越來越多的非統計學專業人士會瞭解統計學、應用統計學。人們也必然需要更多的統計學讀物。

據筆者觀察，市場統計學的教材大多像教科書，充斥著枯燥的公式和深奧的理論。當然，也有一些幽默風趣、深入淺出的入門書籍，如查理斯·韋蘭的《赤裸裸的統計學》（Naked Statistics），但也因為是外國作品編譯的問題，在語言和寫作方式上很難符合東方人的閱讀習慣。

這本書討論大數據，討論統計學，更討論二者之間千絲萬縷的關聯。大數據時代要面對的不僅是技術的變革，還有工作方式和思維模式的變革。大數據時代也挑戰著傳統統計學的思維和研究模式。統計學這門學科是將要面臨江河日下的被取代的危機，還是迎來一個破繭而出的春天？本書試著拋磚引玉地提出一部分答案。

大數據時代，對於統計學來說，是最好的時代，也是最壞的時代。統計學，必須與時俱進，勇敢地接受大數據時代的挑戰和變革，才會走得更長遠。而大數據，沒有了統計學思維的輔助、修正和補充，當熱潮退去，也只能在這個浮躁的時代中漸漸被人們遺忘。

本書特點

本書從當下熱門話題大數據切入，引入與之息息相關的統計學。深入淺出地講述了在「資料為王」的時代下，統計學作為分析、解讀數據的學科，如何為商業、社會、生活等領域提供決策支援。

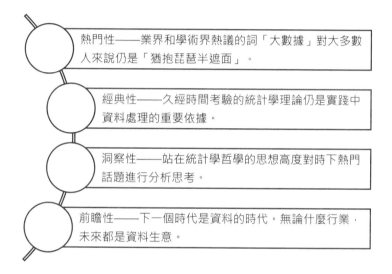

熱門性——業界和學術界熱議的詞「大數據」對大多數人來說仍是「猶抱琵琶半遮面」。

經典性——久經時間考驗的統計學理論仍是實踐中資料處理的重要依據。

洞察性——站在統計學哲學的思想高度對時下熱門話題進行分析思考。

前瞻性——下一個時代是資料的時代。無論什麼行業，未來都是資料生意。

本書和市面上很多書籍相比，有以下兩點特色：

◎　本書將統計學和大數據結合在一起，探討兩者的差異和相關性。

◎　本書按照【案例】＋【知識點】＋【分析】的結構，清晰明瞭。應用的案例也都和人們的生活息息相關，不僅符合國人閱讀習慣，更讓人有認同感。

本書內容

本書共分為 8 章，各章內容如下。

第 1 章 大數據時代下的統計學：講解了統計學的基本原理、應用領域及資料的獲取方法等內容。

第 2 章 樣本魅影：重點介紹了統計學最核心的思維，即用樣本資訊推論總體，並和大數據的推論思維進行比較，強調二者在實踐中結合使用的重要性。

第 3 章 描述資料：告訴讀者面臨大量資料的時候，如何迅速提煉出有用資訊，以一種直接、感性的方式勾勒出隱藏在冷冰冰的資料背後的內涵。

第 4 章 常態女神：隆重推出了統計學最經典、最重要、最具代表性的常態分佈，詳細介紹了關於常態分佈的理論、應用和相關的知識點。

第 5 章 統計推斷：講述了統計推斷是用樣本來估計總體，是一種具有科學依據的合理猜測，儘管它不可能百分百準確，卻對人們認知事物有著不可估量的作用。

第 6 章 變數間的關係：從大數據思維的其中一個角度切入，即強調事物的相關關係而非因果關係，重點講述了究竟什麼是相關關係，它的統計學內涵、方法及應用。

第 7 章 統計雜談：以一種漫談的方式，深入淺出地講解了統計學一些熱門應用的理論。特別強調了這些理論在實踐中的誤用，並告訴讀者正確的使用方法和解讀方法。

第 8 章 大數據，在水一方：探討了大數據巨大的商業價值，除此之外還強調如何從大數據中獲取洞察力和決策力。

關於作者

本書由楊軼莘 博士主筆編寫，其中第 6 章由王輝撰寫。

楊軼莘

瑞典厄勒布魯大學商學院統計學博士畢業，北京諾貝倫思教育諮詢有限公司高級諮詢師，旗下商學院 CN 網站聯合創始人和網站知識分享類微信節目《楊博夜話》製作人和主持人。

王輝

北京大學滙豐商學院金融學（數量金融方向）研究生。善於統計綜合評價方法的應用、金融計量學、經濟計量分析領域的研究。2013-2014 年，主持項目《社區養老現狀和需求研究》，獲第四屆全國大學生市場調查分析大賽一等獎和第三屆海峽兩岸市場調查分析大賽二等獎。2014-2015 年，參與朱喜安教授的國家社科基金課題《綜合評價方法的優良標準研究》。

目　錄

第 1 章　大數據時代下的統計學

第 2 章　樣本魅影

第 3 章　描述資料

第 4 章　常態女神

第 5 章　統計推斷

第 6 章　變數之間的關係

第 7 章　統計雜談

第 8 章　大數據，在水一方

大數據時代下的統計學

不知不覺中，「大數據（Big Data）」這個概念「忽如一夜春風來，千樹萬樹梨花開」，以迅雷不及掩耳之勢進入人們的視野。各行各業恨不得搭上這輛順風車。大數據的語義核心是資料（Data）。大數據紅了，也帶動了另一個和資料相關的學科——統計學。許多大專院校增設統計學專業，市場上對統計人才的需求也大大增長。但也有人認為大數據思維和統計思維有著本質上的區別，隨著獲取和儲存資料能力的不斷增強，大數據方法的不斷成熟，傳統的統計學必將被新思維的統計學所取代。

既然在大數據時代統計學不會消失，反而能發揮舉足輕重的作用，那麼統計方法就不應該只是少數學者所掌握的工具，而應該走向生活、走向大眾，使應用統計學方法轉化成一種像讀書看報一樣的普通技能。

統計學：天使還是惡魔？

【知識點】統計學的定義

在《大英百科全書》中統計學定義如下：收集、分析、表述和解釋資料的藝術和科學。這個定義被科學界普遍認可。

那麼統計學究竟是一門怎樣的學科呢？

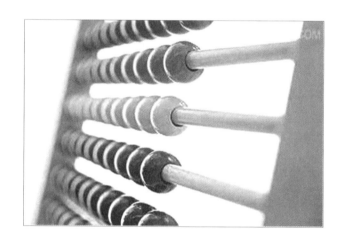

白衣天使南丁格爾也說：「若想瞭解上帝在想什麼，我們就必須學統計，因為統計學就是在量測他的旨意。」不過，犀利的大文豪馬克‧吐溫卻說世界只有三種謊言：謊言、該死的謊言和統計學。一正一反，兩種評價大相徑庭。

其實，統計學是一門以資料為基礎的學科。資料是嚴謹的、枯燥的、冷冰冰的。同時，資料又是豐富的、客觀的、忠實的、從不會欺騙人的。資料是數字，但不只是數據。統計學還是一門關於資料的藝術。當然，資料收集不是目的。如何高效率、準確地分析所得資料，並把它轉化成比資料本身更有用的知識才是統計學的目的。

世間的一切，貌似雜亂卻又暗自遵循著某種規律，就像畢德哥拉斯學派形容的那樣，萬物皆是數，「在理性的基礎上，所有的判斷都是統計學」。在不知不覺中，國家、企業和個人已經成為一個個「運行於數字之上的國家、企業和個人」。

統計學是「萬金油」，它在金融、經濟、醫學等領域的應用最廣、知名度最高，但也不乏一切令人意想不到的領域的人也在使用著統計學知識。不管是大數據時代，還是小數據時代，統計學都不是萬能的，可沒有統計學卻是萬萬不能。

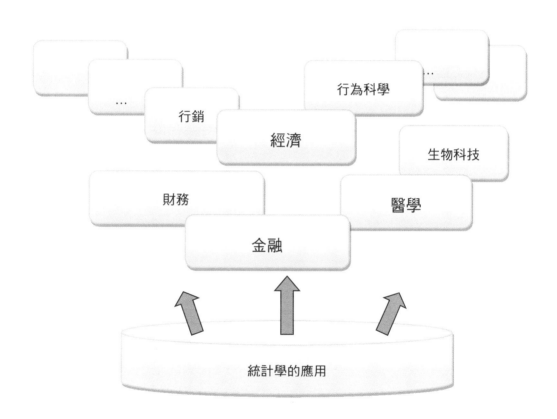

機率：上帝的指引

【案例 1】硬幣的指引

我是一個有選擇恐懼症的人，遇到難以決斷的事，就會拋硬幣來決定，認為這樣做更接近「上帝的指引」。比如，我會在心裡默念：我的統計學會不會重修？然後，告訴自己，如果數字的那面朝上就會重修。接著，我把一枚硬幣拋向天空，忐忑地等待它落下。結果令人沮喪：大頭朝上！

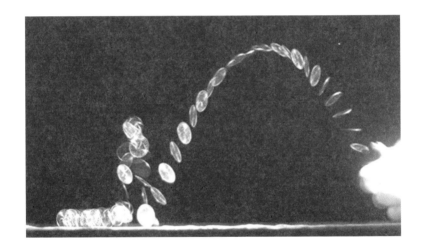

如果我繼續不厭其煩地拋那枚硬幣，拋了 1,000 次，我會驚訝地發現數字和大頭出現的次數都大約為 500 次。這就意味著，上天給我的指引其實是十分中立的：你重修或者不重修的可能性各占一半。原來這就是隨機性中暗含的規律性。而這種規律性就量化地展現為機率。

⚑【案例 2】賭徒的錯覺

統計學和賭博自古至今一直「血脈相連」。莊家常勝，勝在深諳統計學，把賭博當作一門科學在經營；賭徒常敗，敗在對統計學幾乎一無所知。當然，賭博在我們國家是法律禁止的，可在一些古裝片或者香港的賭神片中還是會看到很多賭博的情節。比如買大小時如果遇到如下情況：

在連開了很多盤大之後，很多賭徒會猜測下一個出現小的可能性極大。和上述硬幣的例子一樣，這種隨機的平衡結果是以大量重複試驗為基礎的。短短幾次或者十幾次搖骰子並無統計規律可循。骰子也是沒有記憶的，不會以平衡大小的方式出現。那麼，如何來看待這個骰子的機率呢？

⚑【知識點 1】隨機性

隨機事件需要滿足如下兩個條件：

（1）　在條件基本相同的情況下，要有可重複性。

（2）　即使條件完全相同，在事情沒發生之前，人們也無法預測它的結果。

就像案例 2 中，搖骰子是沒有規律可循的，這樣就出現了隨機性，人們也就無法預測其結果。

【知識點 2】機率

在一定條件下，重複做 n 次試驗，n_A 為 n 次試驗中事件 A 發生的次數，如果隨著 n 逐漸增大，頻率 n_A / n 逐漸穩定在某一數值 P 附近，則數值 P 稱為事件 A 在該條件下發生的機率，記作 $P(A) = p$。

什麼是機率？相信每個人在生活中或多或少都聽說過。機率是一個介於 0 和 1 之間的數，代表某件事發生的可能性的大小，越靠近 1 可能性越大，越靠近 0 可能性就越小。

把 1 到 1,000 次拋硬幣稱為「試驗」，每次都記錄下「大頭」出現的比例。在剛開始，這個比例變化浮動的範圍很大，但隨著試驗次數的不斷增加，這個比例逐步趨近於一個固定的常數 0.5。所以這個數字 0.5 就被認為是出現「大頭」的機率。

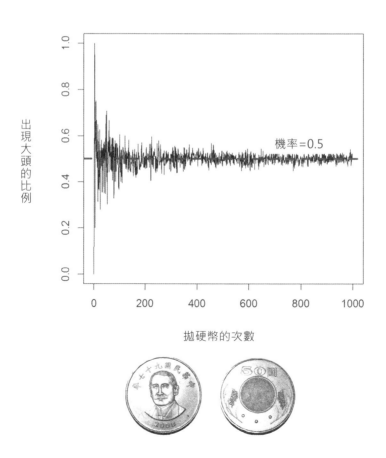

拋硬幣的次數

接著再舉一個硬幣的例子讓讀者練練腦力和眼力。擲一元硬幣 6 次，將大頭朝上（F）或數字朝上（N）記錄下來。下面的兩組結果，哪一組發生的可能性（機率）更大？

FNFNNF

FFFNNN

大部分人都會猜第一種結果 FNFNNF 更容易發生，因為另一組 FFFNNN 看上去不那麼「隨機」，貌似很有規律性。事實上，這兩組結果出現的機率是一樣的。基於硬幣是一枚公平硬幣（正常的硬幣）的假設，大頭和數字在每次試驗中出現的可能性相等，在多次試驗中發生的機率都是 50%，但這並不意味著在短短的六次試驗中 F 和 N 需要交替發生。硬幣沒有記憶，不會記得過去的擲出的結果是什麼，更不會去試著平衡這種結果。

小機率事件：必然不會發生的事件

【案例】挑戰者號太空梭（STS Challenger）失事

有一個 Feynman（物理學家）和小機率事件的故事。1986 年 1 月，美國的挑戰者號太空梭（STS Challenger）在發射不久後爆炸。事後調查中工作人員被詢問這種失敗的機率是多少？工程師說，大概是百分之一。而管理人員卻說，機率大概是百萬分之一。Richard Feynman 聽後追問到：「你的意思是，如果你每天都發射一個火箭，連續發射 3,000 年只有一次失敗？」

Feynman 是心算高手，能秒算出 3,000 年是 1,095,000 天。工作人員只是給出了一個關於這種風險的猜測，但是 Feynman 把這種模糊的個人觀點轉化成一種更精確、更具體的場景：做 1,000,000 次實驗，要滿足管理人員所說的百萬分之一的機率，就得連續發射 3,000 年。普通人的大腦對那種小機率感知能力是很模糊的，比如，中彩券的機率是八千萬分之一，或者死於飛機空難的機率是七百萬分之一。因此人們只知道死於空難是一件幾乎不可能發生的事。

【知識點】「必然會發生」和「必然不會發生」的事件

「必然會發生的事件」是發生機率正好為 1 的事件；「必然不會發生的事件」是發生機率為 0 的事件。而生活中的大部分事件都介於「必然會發生」和「必然不會發生」之間。

當然，現實世界中的確存在一些極端現象：「必然會發生」和「必然不會發生」的事件。舉例來說，《神鵰俠侶》中的瑛姑要在 2 個布袋中放入 3 隻九尾靈狐，使得每個袋子都必須有狐狸，其中有一個袋子有 2 隻，這就是必然會發生的事件。相反地，她要在 3 個布袋中放入 2 隻狐狸，使得其中每個袋子都必須有狐狸，那麼，這就是必然不會發生的事件。

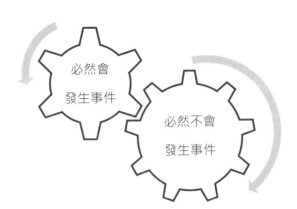

生活中的大部分事件都介於「必然會發生」和「必然不會發生」之間。它可能是一個機率為 0.000001 會發生的事件，但在事件發生之前，誰也無法預測它到底發生與否。小機率事件不等於必然不會發生的事件。所以，馬雲就說過，夢想還是要有的，萬一實現了呢？Nothing is impossible，明知不可為而為之的人往往最終都成為了人生贏家。

你真的瞭解資料嗎？

在這個資料才是王道的時代，你確定自己真的瞭解資料嗎？你是不是以為只有在中學數學課上學的那些用於加減乘除或者三角函數運算的「數字」才能稱作資料呢？下面來看個例子。

【案例】淘寶的客戶評價體系

淘寶，大家一定都不陌生。確認收貨之後，大家就可以對寶貝進行評價了，如下圖所示。

在上圖之中，「給店鋪評分」分為 5 個方面，在統計學中，就是 5 個變數。所謂變數，就是人們為事物取的名字。其中每個變數都用星星來測量：一顆星代表最差，5 顆星代表最好。

🐾【知識點】資料的類型

Stanley Smith Stevens 在 1946 的《科學》期刊中將變數分為四大類：無序分類變數（Nominal）、有序分類變數（Ordinal）、定距變數（Interval）和定比變數（Ratio）。這種分類被普遍認可。

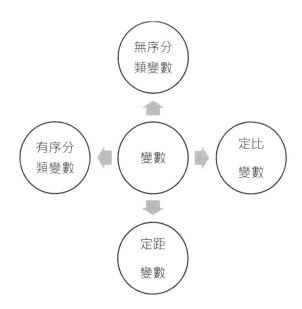

案例中客戶透過淘寶評價賣家產品和服務的那些星星，也是資料的一種：有序分類變數。它們也可以被用於高階的統計分析，當然不是簡單的求和或者求百分比。意外吧？

資料是由變數產生的。變數的類型決定了資料的類型。

變數	類型	值
星座	無序分類	摩羯、白羊、金牛、……
療效	有序分類	無效、有效、顯效、痊癒
考試名次	有序分類	第一、第二、第三、……
營業額	定比	……、NT\$1,012,030/M、……
溫度	定距	……、1℃、……
GDP 增長率	定比	……、8%、……
孩子數	定比	0、1、2、3，……

定距變數的典型代表是溫度。只能說 10℃比 5℃高 5℃（10℃－5℃＝5℃），卻不能說 10℃的時候比 5℃的時候熱一倍（10℃÷5℃≠2）。

有序分類和無序分類資料這兩種類型經常出現在各種市場調查、滿意度市調等問卷中。比如在對療效的調查中，為了方便，經常這樣記錄資料：1=無效，2=有效，3=顯效，4=痊癒。

切記，它們並不是真正的數字，可以用 1、2、3、4 來表示，也可用＊、＊＊、＊＊＊、＊＊＊＊、＊＊＊＊＊等有順序含義的符號。它們只可以排序，不能進行加減乘除等數學運算。這很好理解：如果說「痊癒（4）」是「有效（2）」的兩倍，那將是多麼的可笑！

實際上，這是統計學家常犯的低級錯誤，甚至經常出現在影響因數極高的國際期刊上。很多學者對此提出批評和質疑，而某些統計學家卻充耳不聞。相信聰明的讀者一定比頑固的統計學家更明智。

有了這四個維度，世間的一切資訊都可以被轉化為資料。國家、企業和個人就在不知不覺中變成「運行於數字之上的國家、企業和個人」。認清資料，才能看清楚大數據時代。

資料來自哪裡？

大數據時代的核心價值是「資料」。面對高速運轉的巨量資料，資料科學家（注意：這裡的資料科學家是個比統計師更寬泛的概念）利用手中先進的科學武器，拼命挖掘著資料海洋中漂浮的冰山一角下的資訊。資料科學家和像維克多先生那樣的大數據專家並不在意資料來自哪裡。他們認為資訊爆炸的大數據時代沒有功夫去理會這個話題。而被統計學經典理論「洗腦」的統計學家卻固執地認為：資料來自哪裡很重要。

【案例】大數據，大偏差——Google 的流感預測模型真的可靠嗎？

Google 利用檢索特定詞條出現的頻率成功預測禽流感的故事是一個經典案例，頻頻出現在各種推銷大數據的書籍和演講中。維克托‧麥爾‧荀伯格的被奉為教科書的《大數據時代》一書中就引用了這個例子。

2009 年，Google 在甲型 H1N1 流感爆發之前，用「Google 流感趨勢（GFT）」模型成功預測了流感在美國境內的傳播。它的預測結果在時間上非常迅速，在空間上非常準確，令整個美國震驚。Google 而因此一鳴驚人，奠定了它在資料界泰山北斗的江湖地位。

Google 是怎麼做到的呢？

他們發現疫情的發展可以和某些關鍵字被搜索的頻率很好地聯繫起來，比如「發燒」、「頭痛」、「咳嗽」等。這些詞出現的頻率越高，流感疫情爆發的可能性就越大。Google 對這些關鍵字搜索記錄進行檢測記錄，同時利用地圖定位到相關的區域，在號稱「不需要理論模型」和「不需要醫學知識支援」的情況下，透過巨量資料分析，快速、準確地預測了流感爆發趨勢和具體傳播範圍。

或許讀者還沒有聽說過這個故事的續篇。Google 的流感預測模型非常遺憾地沒有經得住實踐和時間的考驗。在 2011—2013 年的三年期間，模型的預測出現嚴重偏差：一直在高估流感的事態。其中最嚴重的偏差出現在 2013 年 1 月，Google 產品估計的結果整整是美國疾病控制中心匯總後實際結果的 2 倍！這樣的偏差顯然超出了人們可以接受的範圍。

📌【知識點 1】二手資料

大數據本身多為二手資料（Second Hand Data），一般是在沒有任何目的的情況下收集的，過程中缺乏監督，導致資料本身品質不高，充滿雜訊。

📌【知識點 2】相關關係和因果關係

A 和 B 是相關關係，是指 A 發生的同時往往伴隨著 B 的發生。包括至少 5 種可能性。

而因果關係是指：A 導致 B 發生，或者 B 導致 A 發生。

大數據專家維克托・麥爾・荀伯格覺得大數據的核心思想就是要承認資料的不完美。可從統計的觀點上，這些問題恰恰為今後的資料分析埋下危險的伏筆。

當然這不是最重要的。大數據也好，模型也好，Google 的目的是估算禽流感在整個美國的發病率。統計思維告訴人們資料的來源非常重要。Google 的資料來自使用者使用搜尋引擎的檢索記錄。這裡，Google 實際上悄悄偷換了概念，試圖用搜索關鍵字的線民的行為來預測整個國家人們患病的可能性。問題是，一部分有禽流感症狀的人使用了搜尋引擎搜索關鍵字，而有一部分卻沒有使用；同樣的，使用搜尋引擎的人未必都有禽流感的症狀，他或許只是好奇而已。

Google 的模型基於各種關鍵字和發病率之間的關係。但這種關係在一定時間內是正確的。大數據思維只關心相關性（A 和 B 同時發生）而忽略對因果關係（A 導致 B 發生）的探尋。隨著事態的發展，媒體不斷增加對流感的報導，引起越來越多的人的重視，所以流感關鍵字的搜尋量自然而然地會激增，可這並不意味著流感會大規模爆發。某知名統計學家曾說過：「你不知道相關關係為什麼發生，你就不知道它什麼時候會消亡。」沒有弄明白這一點，是 Google 模型失敗的最重要原因。

統計學講求用盡可能少的資料（資源）來獲取盡可能多的訊息量。統計學是不會輕信 iPhone 6 和 iPhone 6 plus 那樣的宣傳語：bigger than bigger。統計學不相信樣本愈大愈有用，只相信有總體代表性的樣本才是有用的。那麼第一步，弄清楚究竟什麼才是所要研究的總體至關重要。如果大數據樣本和希望被研究的目標總體之間偏差較大，那麼大數據分析得出的結論也會存在較大偏差。

在大數據風起雲湧的時代，可從維克托的《大數據時代》一書受到的重視及長銷來了解，書中反覆強調「資料分析」的重要性，這絕對是社會發展的正能量。與此同時，我們也必須冷靜地看待大數據潛在的缺陷和問題。這並不是懷疑大數據對新時代潛在的貢獻，而是說任何新生事物的發展都需要有一個過程。統計學在這個時代中也需要變革、進步，因為離開統計學思維的支持，難免會出現「大數據，大偏差」這樣的窘境，使人們陷入無窮無盡的資料海洋而看不到彼岸。

2

樣本魅影

「頃者,《日知錄》已刻成樣本,特寄上一部。」

——顧炎武(清)《與李良年書》

樣本,在漢語原意是「印來當樣本的書」,在近現代科學中是指研究中實際觀測或調查的一部分個體。隨機樣本,在統計學中更是一個舉足輕重的概念。

樣本之於統計學,就如同利刃之於寶劍,羽翼之於蒼鷹。統計學的目的就是透過對少量資料的觀測、收集來印證最多的發現。在人們獲取和儲存資料的能力都十分有限的年代,隨機採樣是一種捷徑,人們無須耗時耗力去觀測總體中所有的個體就可以透過樣本對總體有一個大概的估計。即使到了大數據時代,獲取和處理資料的能力日新月異,人們還是要依靠樣本,畢竟,它經濟實用的特點對大多數人來說有著不可抗拒的吸引力。

樣本：窺一斑而見全豹，觀滴水而知滄海

【案例 1】客戶滿意度調查

小明是 90 後，畢業後創業，經營一家小小的教育諮詢公司。由於事業剛剛起步，只有 20 個客戶。為了能更順利地開展業務，小明想透過隨機抽取其中 5 個客戶來調查所有客戶的滿意度。他是如何用簡單隨機抽樣來抽取這 5 個客戶的呢？

首先，他把這 20 個客戶用數字 1～20 依次編號（客戶名字均為虛構）。

1	王語嫣	11	周芷若
2	楊逍	12	楊不悔
3	範遙	13	虛竹
4	紀曉芙	14	慕容複
5	黃藥師	15	袁承志
6	霍青桐	16	胡一刀
7	夏雪宜	17	程靈素
8	郭襄	18	陳家洛
9	袁承志	19	程瑤迦
10	程英	20	郭破虜

小明隨機選取了 5 個人。亂數如下被圈出數字：

(14) 90 84 45 (11) 75 73 88 (05) 90 52 27 41 14 86 22 98 (12)

22 (08) 07 52 74 95 80

因為小明對客戶的編號範圍是 1～20，所以他只依次選取了這個範圍內的 5 個數：14、11、5、12 和 8。因此，這個 5 個樣本量的隨機樣本就產生了：慕容複、周芷若、黃藥師、楊不悔和郭襄。

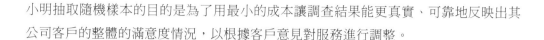

小明抽取隨機樣本的目的是為了用最小的成本讓調查結果能更真實、可靠地反映出其公司客戶的整體的滿意度情況,以根據客戶意見對服務進行調整。

【案例 2】救護車壟斷業務調查

在美國路易斯安那州的拉皮德縣,只有 A 公司可以提供救護車救援業務。當地的一家知名雜誌 *Town Talk* 發起了一項電話調查。讀者可以打電話到報社,對 A 公司在救護車業務上的壟斷地位是否應該被打破進行投票,按 1 代表同意,按 2 代表不同意。

Town Talk 總共收集到 3,763 個電話投票。結果顯示,超過 80%的訪民支持 A 公司繼續保持在救護車業務上的壟斷經營。但透過對這 3,763 個樣本的仔細研究發現,其中有 638 個電話是從 A 公司的辦公室打出來的。這是什麼原因呢?一是,A 公司的一些底層員工害怕公司動盪後自己會失業,所以主動投贊成票;二是,公司的一些部門領導命令或動員手下打電話去投票贊成。

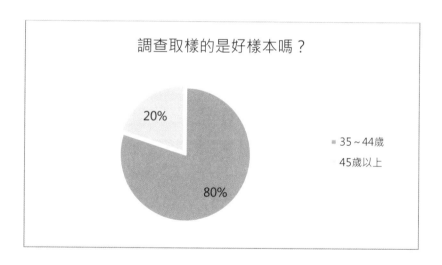

案例 1 中小明的隨機樣本是「好樣本」,因為它比較科學地反映真實情況,相反,案例 2 中的美國的 *Town Talk* 雜誌告訴人們一個「壞樣本」是如何產生的。人們根據自己的意願選擇是否打電話過去投票,因此產生了「自願回應樣本」。3,763 是一個相對很大的樣本量,可 *Town Talk* 雜誌不恰當的抽樣方法導致結果沒有任何可信度。這只是一場浪費人力、物力的情景劇。

【知識點】隨機樣本，方便樣本和自願回應樣本

隨機樣本（Random Sample）是指來自總體的、能夠正確反映總體情況的元素總稱。滿足如下條件：

（1） 被研究的總體要有明確的定義。

（2） 總體的每個個體有一個已知的機率包含在該樣本中。

（3） 抽樣過程中必須遵循隨機原則。

案例 1 中小明就是用隨機抽樣的方法抽取了一個「好樣本」。而事實上，在實際中產生一個「好樣本」要比產生一個「壞樣本」難得多。「壞樣本」不是透過科學、嚴格的設計得到的樣本，而是本著實用原則，取得的「唾手可得」的樣本。

方便樣本（Convenient Sample）是指研究者出於方便性的原因而選取的「唾手可得」的樣本。自願回應樣本（Voluntary Response Sample）是指透過來信來電的方式收集的民情民意。大致來說，這兩種方式取得的樣本是有偏差的，從中得到的結論很難嚴格推廣到總體。

在統計學中，總體是指所有需要被研究的個體，在研究之前需要被嚴格定義。比如，國家統計局要調查我國平均每個家庭的孩子數量。這裡，我國的所有家庭就是總體。當然，「家庭」是指什麼？按戶口本算嗎？離異家庭怎麼算？等等問題，都是需要詳細考慮的。

樣本，是相對於總體的一個概念，指的是總體中被選中的部分。不可能去敲開每個家庭的大門詢問孩子的個數，那樣就變成了人口普查。人口普查每隔幾年才舉行一次，每次舉行都傾舉國之力，耗時耗力。所以，需要依賴一個較小的樣本來反映較大的一個總體，這才符合經濟學原理。

請注意，樣本的好壞，是決定性因素。就像一鍋湯，如果攪拌均勻，品嘗其中的任何一勺都可以嘗出整鍋湯的味道。好的樣本一定是來自一個資訊被攪拌均勻的總體，抽取的過程要滿足隨機性原則。案例 1 中，小明利用亂數表來抽取 5 個客戶的方法雖然很落伍，卻產生了一個具有代表性的「隨機樣本」，用它得到的結論是可靠的。當然，亂數表產生亂數的方法已經被各種程式所取代，人們可以輕鬆透過寫代碼或者點擊滑鼠來獲取亂數。

相反地，案例 2 中的美國的 *Town Talk* 雜誌告訴人們一個「壞樣本」是如何產生的。人們根據自己的意願選擇是否打電話過去投票，因此產生了「自願回應樣本」，也在這個過程中不知不覺引入了「偏差」——樣本中給支援救護車企業繼續維護壟斷經營的相對應者過分大的權重，這使得對整體的估計喪失了公平性。

在各行各業研究中，被普遍應用的「方便樣本」也同樣產生「壞樣本」。在商場中攔住來往的行人，說服他們做某種產品的市場調查。這樣確實方便、簡易、經濟實惠，卻也在引進偏差。在商場的行人未必就是他們產品或服務的全部受眾，會被說服、願意停留下來做問卷的行人或許是不趕時間的人，或許是性格溫柔的老好人。如果受訪者大多都是某一固定類型的人，結論又怎能代表總體呢？

抽樣：嘗一勺鍋裡的靚湯

【案例 1】紅豆和綠豆

李奶奶有一個祖傳秘方，把紅豆和綠豆按照一定的比例混合在一起煮，據說可以達到養顏排毒、延年益壽的目的。但李奶奶上了年紀，不小心把一大堆紅豆和綠豆混合倒入同一個桶裡，卻忘記了兩種豆的比例。她就讓她的孫子大壯幫她想辦法算出兩種豆各有多少顆。

大壯想了想，靈機一動。他把桶裡的豆子搖勻，隨意抓了一把，數了數，有 20 顆紅豆和 30 顆綠豆。假設這桶豆子中紅豆和綠豆的比例和大壯所抓出的這把豆子中紅、綠豆數量之比相同，並且紅豆和綠豆的每一顆的品質相同。那麼這桶豆子中大概有 40% 的紅豆。這桶豆子共有 10 斤，紅豆 4 斤，綠豆 6 斤。然後李奶奶就可以根據秘方中的比例調整兩種豆子的分量。

紅豆和綠豆的例子生動地說明了「簡單隨機抽樣」是怎麼回事。樣本和總體的關鍵聯繫是「比例」：桶裡的豆子和抓出來的豆子比例是一樣的。

【案例 2】「捉放法」估算魚苗存活率

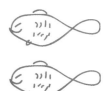

肖博士從農業學院畢業後放棄了研究所的安逸工作，毅然決然回老家創業，承包了村裡的魚塘，雇傭了很多鄉親挖魚塘養魚。春天的時候，肖博士撒下 2 萬條鯽魚苗。魚苗並非都能存活，取決於養殖環境和方法。多了一段時間，肖博士決定看看魚苗有多少活了下來。於是，他採取了「捉放法」來估算現在魚塘裡有多少魚。

肖博士的做法是：

（1）　從魚塘中捉 400 條魚並做好特殊標記。

（2）　把做好標記的魚再放回魚塘。

（3）　過一週後，從魚塘中捕捉 800 條魚，發現其中有 30 條做了標記。

（4）　查看第二次捕捉的全部魚中有多少條做過標記，根據這個比例估算出魚塘中鯽魚的數量，從而算出魚苗的存活率。

肖博士利用的其實也是簡單隨機抽樣的原理。假設兩次捕捉中魚塘裡所有魚的總數是一樣的，並且做了標記的魚被再次放入魚塘時是均勻分佈的。隨機性展現在，無論做標記與否，魚被抽到的可能性都一樣。

肖博士的目的是估算魚塘中現在總共有多少條魚，設為未知數　。

在步驟 1 中，第一次被捕捉的 400 條魚全部被做上標記，並放回魚塘。此時此刻，魚塘中有標記的魚的比例是 400/x。

在步驟 3 中，第二次被捕捉上來 800 條魚可看作一個簡單隨機樣本，其中有標記的魚的比例是 30/800。與案例 1 中紅豆和綠豆的例子一樣，這個比例在隨機樣本中和在總體中一樣保持一致，所以

$$\frac{400}{x} = \frac{30}{800}$$

$$x = 10667$$

存活率是

$$\frac{10667}{20000} \times 100\% = 53\%$$

【案例 3】被解雇的市場調查部員工

市場調查對企業行銷至關重要，越來越多的企業領導者願意用市調結果來指導企業實踐。可是，人們往往忽略市調方法本身隱藏的疏漏和風險。錯誤的樣本產生錯誤的資料，進而對企業產生誤導，令很多企業家對資料望而生畏。

2004 年我國某知名電視機生產公司因為一次市場調查的結果，解雇了市場研究部的全部員工。故事是怎樣的呢？

為了調查該企業電視機品牌的市場佔有率，該公司派出市場研究部的兩組員工就這個問題開展調查：請列舉您會選擇的電視機品牌。兩組調查結果令人大跌眼鏡：A 組發現36%的消費者在購買時願意選擇該公司的電視機；B 組的結果卻僅僅有 16%！公司很納悶，不明白同樣的抽樣方法為何產生如此不同的結果？究竟是哪裡出了問題？真相究竟如何？

於是，公司邀請專門的機構對參與該市調的全體成員進行調查，發現了問題的癥結：A組在市調過程中存在明顯的誤導受訪者的行為。調查員在詢問過程中都戴著印有該公司 Logo 的領帶，令受訪者一眼就看出誰是這次活動的主辦方。並且，問題的選項中，該公司的名字出現在眾多電視品牌的第一位。這兩種強烈的心理暗示讓結果有失公允。

公司老總也不寒而慄：如果按照 A 組的結論去指導生產，產量將超過實際需求近 1 倍，那麼損失將不計其數。原因是該公司訪問員在抽樣過程中引入了比較嚴重的非抽樣誤差，即訪問員對被訪者強烈的誘導。這是導致結果偏差的癥結所在。

⚑ 【知識點 1】簡單隨機抽樣

簡單隨機抽樣是指從總體 N 個元素中任意抽取 n 個元素作為樣本，使每個可能的樣本被抽中的機率相等的一種抽樣方式。

簡單隨機抽樣具有如下特點：

（1）　總體個數 N 是有限的。

（2）　樣本數 n 不大於總體個數 N。

（3）　簡單隨機抽樣是不放回抽樣。

（4）　總體中每個個體被選入樣本的可能性均為 n/N。

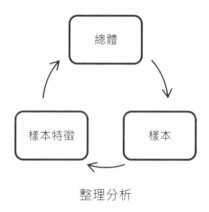

整理分析

案例 1 中估算紅豆和綠豆的數目及案例 2 中的捉放法，採用的都是簡單隨機抽樣的方法。隨機性體現在，無論紅豆還是綠豆，被標記的魚還是沒被標記的魚，在樣本中被抽中的可能性都是一樣大的，使得每個個體被選入樣本的可能性均為 n/N，這個比例無論在總體中還是在樣本中，都保持不變。這是簡單隨機抽樣的要義。

【知識點 2】抽樣中存在的錯誤風險

抽樣過程中有多重因素可導致錯誤或誤差，其中可能引發錯誤的風險有如下。

（1）　抽樣誤差。隨機性帶來的誤差。抽到哪個樣本是隨機的，同樣的調查，如果可以作兩遍研究，第二次的結果也未必會和第一次一模一樣。這種隨機性導致的誤差，是「並非錯誤的誤差」。隨著樣本量的增大，樣本穩定性增強，抽樣誤差就會相應減少。

（2） 非抽樣誤差。

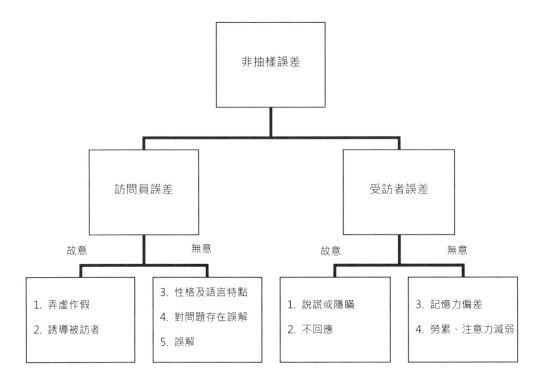

案例 3 中被解雇的市場部調查人員就是因為在抽樣過程中引入了非隨機抽樣誤差（誘導被訪者），使得結果產生很大偏差。應當在抽樣過程中嚴格控制這類非抽樣誤差，從而降低錯誤的風險。

【知識點 3】訪問員

訪問員在抽樣調查中起到舉足輕重的作用。優秀的訪問員不但能夠提高問卷調查的回應率，還能控制抽樣誤差。一個優秀的訪問員需要滿足如下要求：

（1）具有責任心、誠實的態度和專業精神。

（2）對問卷問題有準確、深刻的理解。

（3）經過專業培訓，掌握良好的溝通和詢問技巧。

抽樣大致分為隨機抽樣和非隨機抽樣兩種。簡單隨機抽樣是機率抽樣中最簡單的一種，也是實踐中應用最廣泛的一種。如何理解簡單隨機抽樣的內在機制呢？一般情況下，人們是無法得知總體情況的，所以才需要用樣本去估測。假設，我們知道總體中共有 5 個元素：

$$\{A,B,C,D,E\}$$

要抽取一個 n=2 的樣本，有　種可能性。

$$\{A,B\}、\{A,C\}、\{A,D\}、\{A,E\}、\{B,C\}、$$

$$\{B,D\}、\{B,E\}、\{C,D\}、\{C,E\}、\{D,E\}$$

每個可能的樣本被抽中的機率相等，都為 1/10。如何解釋總體中每個個體被選入樣本的可能性均為 2/5？以元素 A 為例，它出現在 4 個可能性的樣本中，所以被選中的機率是 4/10。

在應用抽樣的過程中，有很多存在風險的可能性，正如知識點 2 中所列舉的。案例 3 是來自《中國財富》的真實案例。解雇市場部調查人員的原因是他們作為訪問員在詢問過程中嚴重誘導被訪者，引入較大誤差，導致結果毫無可信性。因此統計學是一門嚴謹的學科，除了依靠科學的技術，還需要誠實的態度、嚴密的操作。正應了那句話：「錯誤的資料還不如沒有資料。」

不回應誤差：沉默不是金

【案例】不回應的影響有多大？

某地方電視臺的市場部就是否增加一檔養生保健類節目進行前期市調。他們計畫用電話隨機調查的方式訪問 1,500 人，結果只有 1,000 人接了電話。這項市調存在著 500 人的資料缺失。在接受訪問的這 1,000 人中，有 800 人贊成這檔節目的開播。

該次抽樣調查的不回應率是三分之一。不回應的受訪者對結果有著怎樣的影響呢？經過電視臺的進一步跟進市調，沒有接聽到電話的 500 人中僅有 20 人支援該節目。如果完全忽略這 500 個不回應的人群，那麼，該節目的贊成率：

$$\frac{800}{1000} = 80\%$$

但如果將這些人考慮在內，贊成率就變成：

$$\frac{820}{1500} = 55\%$$

這個案例很典型地反映了「不回應」問題較嚴重時有什麼影響。如果簡單地把「不回應」的這部分受訪者的意見排除在外，那麼得到的結論將會有很大偏差。

【知識點 1】不回應（Nonresponse）

不回應是指不能夠從樣本中的受訪者取得資料。大多數不回應發生的原因大致分為兩種：第一種原因是聯繫不到受訪者或者受訪者回答問題時疏漏；第二種原因是受訪者主觀上拒不合作從而導致資料遺漏。

案例中電視臺在對養生保健類節目進行前期調查時，遇到了「不回應」的問題。不回應的這部分人，和作出回應的這部分人究竟有沒有顯著不同呢？這是這類問題中必須引起思考的。

♪【知識點 2】如何降低不回應率？

（1）　做好訪問人員培訓。提高訪問人員的專業素養和溝通技巧，特別是敏感問題的提問方式。

（2）　透過規範的操作、嚴格的流程設計等手段增強被訪問者的信任感。

（3）　在正式訪問前，提前預約被訪者。一是顯得正式，二是讓被訪者提前安排好時間。

（4）　物質刺激。適當地給予被訪者一定的物質獎勵。不能太多，否則會增加被訪者因為利益驅動而導致資料偏差的可能性；也不能太少，否則起不到激勵作用。

（5）　再次訪問。對於第一次聯繫不到或者拒絕的被訪者進行第二次、甚至第三次訪問直到聯繫到被訪者為止。

（6）　開發設計精良、介面友好的網路問卷和手機行動端問卷。

案例中，電視臺的人在初步調查中遭遇「不回應」問題，為了降低「不回應率」，電視臺的工作人員採取了再次回訪的方式來聯繫第一次調查中遺漏的人。

不回應是抽樣調查中遇到的最棘手的問題。隨著資訊膨脹時代的來臨，忙碌的人們面對鋪天蓋地的問卷調查表現得越來越不耐煩。尤其是當今社會個人資訊洩露嚴重，騙子防不勝防，騙術的花樣層出不窮，人們越來越擔心形形色色的「調查」存在欺詐的可能性。這一切，使得「不回應」問題越來越嚴重。

不回應會導致抽樣結果的偏差，因為他們對隨機抽樣中按計劃抽到的卻沒有回應的人群一無所知。進而存在如下一系列問題：

◎　造成人們不回應的因素是隨機的嗎？

◎　如果不回應者相對回應者有所不同，這種不同是不是足夠對結果造成一定的影響？

◎　怎樣處理他們不回應造成的缺失值？

案例中的例子生動地說明了經常在家和經常不在家的人有著顯著不同時，結果是如何產生偏差的。由於該電視臺打入電話的時間均為工作日的上班時間，大部分上班族都不會在家，所以無法接聽電話，客觀上造成了「不回應」。而接聽電話的人多為留守在家的婦女或者老人，而這類人群大多數是養生類節目的受眾。如果這類不接電話的上班族的意見不被考慮在內，那麼可想而知，這個調查結果是多麼不可靠。

訪問人員應該如何處理這類無人接聽電話的情況呢？最穩妥的辦法就是換個時間接著打進去。一則，不違背抽樣的隨機性原則；二則，可以提高回應率，還能確保資料準確性，不會有額外的偏差加入統計中。

措辭的藝術：僧推／敲月下門

【案例 1】娛樂圈話題：鋒菲戀

小李借著網際網路時代如火如荼發展的東風加入了網際網路創業的行列。公司旗下經營的多個微信公眾平台風生水起，粉絲與日俱增。在數月前，王菲、謝霆鋒復合的消息猶如一枚深水炸彈扔進娛樂圈裡，一時激起千層浪，在各大門戶網站、部落格、微信、微博等引起熱烈討論。

小李極具時尚觸覺，自然不會放棄這個「吸粉」的好機會，及時果斷地把這一熱議話題加入她的微信公共平台中。她想在她的粉絲中調查一下鋒菲戀的支持率，於是分別在兩個公眾帳號下，採取了兩類截然不同的提問方式：

A. 謝霆鋒捨棄為自己生育兩個兒子的前妻張柏芝和舊愛王菲苟合，張柏芝暗自垂淚。你支援這段跨越 11 年的姐弟戀情嗎？

B. 有緣分的人千迴百轉後也會再次相遇，再相遇時弟弟已經成熟，姐姐依舊美麗，你支持他們再續前緣嗎？

兩種提問方式的支持率截然不同。這是問卷中的措辭對問卷本身的有效性和可靠性產生了影響。調查者應當在問卷的設計中力求做到使用中性、無誘導性的詞彙，避免引入不必要的誤差。

【案例 2】幾字之差對於民眾支持率的影響

大洋彼岸的美國人是如何看待政府把大量的錢花在窮人身上的這件事情的呢？只有13%的人認為他們的政府花費了大量的金錢在「幫助窮人（assistance to the poor）」上。但是，卻有高達 44%的人覺得他們花了過度的金錢在「福利（welfare）」上。

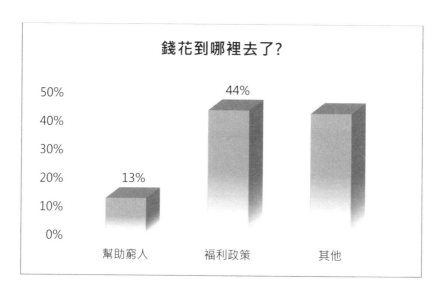

位於歐洲西部、大不列顛島的蘇格蘭人對蘇格蘭獨立出英國的看法又如何呢？調查顯示，51%的蘇格蘭人投票支持「蘇格蘭獨立（independence for Scotland）」為 A 調查。對比之下，在另一個類似的調查中卻僅有 34% 的人贊同「一個從英國分裂出去的獨立的蘇格蘭（an independent Scotland separate from the United Kingdom）」為 B 調查。

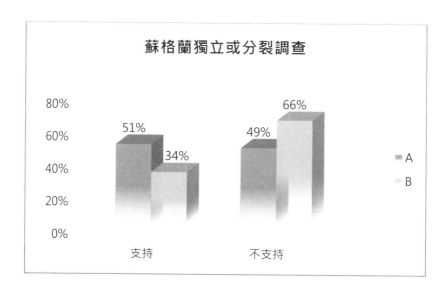

從人們感知的角度來看，「幫助窮人（assistance to the poor）」和「獨立（independence）」是美好、充滿正能量的詞彙。而「福利（welfare）」和「分裂（separate）」則是冷冰冰的、甚至有點負面意味的詞語。在詞語上的一點點變化，就導致了民眾回覆的不同結果。

案例 1 同樣反映了措辭對問卷有效性和可靠性的影響。避免問題中使用有傾向性的詞彙，才能盡可能地得到客觀、公平、真實的結果。科學是神聖的，是不能以任何目的被別有用心的人利用的。

【案例 3】雙重否定的疑惑

江蘇省南京市由於歷史原因和日本有著千絲萬縷的聯繫。該市的某個重點中學歷史悠久、文化底蘊深厚、名人輩出。這所中學有一個傳統的文化教育交流項目：每年都會有一批來自友好鄰邦日本的高二學生和該校的高二學生進行深入的文化教育交流。為了讓日本的新一代年輕人更好地認清歷史的真相，該校的高二學生發起了一個關於南京大屠殺的調查。其中一個問題是這樣問的：

『你認為，「日本在二戰期間對中國發起的侵略戰爭，特別是慘絕人寰的南京大屠殺從未發生過」是可能還是不可能的？』

當然，這是被翻譯成英文的。這是一個包含雙重否定的問句，讓回答問題的學生備感困惑。答題效果也不好。於是，該中學的學生決定換一種提問方式，收到更好的回覆效果：

『在你看來，「日本在二戰期間對中國發起的侵略戰爭，特別是慘絕人寰的南京大屠殺從未發生過」可能嗎？還是你相信它發生過？』

案例 3 中再次強調措辭的重要性。雖然學生設計的第一版問題中並沒有使用具有傾向性的詞彙，沒有引入非抽樣誤差，但是，拗口的問題必然給受訪者帶來理解上的困難，從而使問題的有效性和可靠性大打折扣。

✏ 【知識點 1】響應誤差（Response Error）

響應誤差（Response Error）是相對應不響應誤差的一個概念。它是指在問卷調查的過程中，因為問題在問卷中所處的位置、提問問題的方式和訪問員的個人影響而引入的誤差。問題措辭的不妥是引入回應誤差的一個常見因素。上述三個案例中，列舉的都是這個類型的誤差，以及對結果會造成哪些方面的不良影響。

✏ 【知識點 2】有效性（Validity）和可靠性（Reliability）

有效性（Validity）和可靠性（Reliability）是衡量問卷中問題品質的兩大重要指標。有效性，測量的是精度（Accuracy），衡量問題是否成功地測量了它原來想要測量的東西；可靠性，測量的是一致性（Consistency），衡量的是，如果對同一個問題進行重複測量，其結果間是否能夠保持一致性。上述三個案例中，由於問題設計時本身措辭要嘛存在誘導性要嘛存在誤解，因而影響了受訪者答題的品質，使問卷本身的有效性和可靠性降低。

在問卷調查中，措辭的方式總會顯著影響調查的結果。問卷的設計者必須有像唐代詩人賈島那樣的精神，就「僧推月下門」還是「僧敲月下門」的問題反覆推敲。問題的措辭，除了要滿足語言簡潔、主題突出、邏輯性強等要求之外，更重要的是要注意不使用有偏見性的、有傾向性的詞語，而是使用中立的詞語。如果言語間流露出一定的誘導性，受訪者就很難保持客觀的態度，進而不可避免地引入了另一類非抽樣性誤差。

問題的措詞也會影響有效性與可靠性。有效性可以被理解成「問了正確的問題」。它首先必須滿足的要求就是問題在語言意思上、內容上的正確性。可靠性指的是「以一種可靠的方式問問題，每次都能得到可靠的回答」。對於同一個問題，無論針對同一群人，還是針對不同的人群，提問十次八次得到的結果都相差不多，具有穩定性。有效性和可靠性的關係可以透過下面這幅圖來反映。

(1) 可靠，但無效

(2) 不可靠，但有效

(3) 不可靠，也無效

(4) 可靠，也有效

在案例 3 中，由於第一種提問的措辭方式繞口，讓回答問題的人，特別是一些在匆忙中回答問題的人感到疑惑，結果使得 23% 的人認為南京大屠殺從未發生過。但當以第二種方式提問時，這個比率只有 1%。可見，不好的措辭會直接影響問卷的有效性和可靠性，讓問卷的品質堪憂。

大數據時代，當「樣本」已成往事

享譽全球的大數據專家維克托・麥爾・荀伯格教授在他的著作《大數據時代》中曾經這樣說過：

『當資料的處理技術已經發生了翻天覆地的變化時，在大數據時代進行抽樣分析就像在汽車時代騎馬一樣。一切都改變了，我們需要的是所有的資料，「樣本=總體」。』

對於所有的統計學家及接受過經典統計學知識的人來說，「總體取代樣本」的觀點是一場思維的變革，足以撼動他們根深蒂固的統計學神經。

【案例】Farecast，美國創業夢

Farecast 成立於 2003 年 1 月，曾是一家科技創業公司，得到風險投資公司的青睞。它的創始人 Oren Etzioni 在一次乘坐飛機從西雅圖到洛杉磯的旅途中得到啟迪，之後帶領他的團隊歷時三年，開發了一套機票預測系統。透過對 900 多億條的歷史機票價格進行分析，進而預測未來 7 天內機票價格走勢和增降幅。

Farecast 開發的小小的系統讓航空公司損失數以百萬美元，卻讓廣大人民群眾得到了切切實實的好處。其中最具特色和獨創性的就是它的 Fare Guard 最低價格擔保模式：人們僅需支付 10$，如果在未來 7 天內機票價格上漲，該公司將為客人支付價格差；如果機票價格下降，客人將享受這筆額外節省出來的費用。

Farecast 的產品以迅雷不及掩耳之勢被越來越多的人使用，微軟看好它廣闊的市場前景，最終以 1 億美元的價格收購該公司。Farecast 是一個大數據公司的縮影，也是一個創業型公司創業成功的美國夢的縮影。他們的成功激勵著無數後來者以其為榜樣，不斷探索符合大數據特點的資料處理方法，在創業的道路上，尤其是在大數據創業的道路上前赴後繼。

【知識點】大數據的 4V 特徵

(1) Volume（大量）。網際網路時代，各種社交網路、電子商務和移動通信讓人們每天沐浴在各種各樣的資料海洋中，把人類帶入了一個以「PB」為單位的新紀元。

(2) Variety（多樣）。新型多結構資料導致了多樣性。資料來源可以是搜尋引擎、社交網站、行動端記錄等網際網路資料，也可以是和物聯網相關的感測器、控制器、機器資料等。

(3) Velocity（高速）。創建資料、儲存資料、管理資料、分析資料，以及根據資料結果及時調整策略，以即時滿足客戶和市場需求。

(4) Value（價值）。對海量繁雜的資料進行充分挖掘之後，大浪淘沙，它就變成一種資源，像礦產、黃金和石油，熠熠生輝。

維克托・麥爾・荀伯格教授旗幟鮮明地亮出了自己的觀點，那就是，「在大數據時代，不要跟我提抽樣！」他認為抽樣技術和隨機樣本都是特定時代的歷史產物。在收集、儲存和處理資料的工具尚沒有高度發達的年代，人們需要透過分析少量的資訊來獲取對世界的盡可能多的感知。這是抽樣的精髓，也是統計的要義。符合經濟學原理：少量投入，獲得盡可能多的產出。而在大數據時代，資訊極度膨脹，人們也有了更快、更好的處理資料的能力。所以，樣本已經過時。

該如何看待這個問題呢？

統計需要依賴樣本來洞察總體，對於這個總體在抽樣之前就有明確的定義。但在大數據的概念下，「總體」的概念被弱化。大數據分析強調的是對個體特徵的分析，如個體搜索行為、個體購買行為、個體社交行為。透過對大量這些個體行為的觀測和分析達到預測行業趨勢的目的。當然，資料再大，也不可能百分之百覆蓋到所有個體的行為。與此同時，大數據相對於小資料時代的抽樣，掌握了更多、更全面的資訊。大數據的 fans 相信，它更接近事實。

還可以從這個角度來看待此問題。科學研究可以分為問題導向性和方法導向性兩大類。問題導向性研究是指在實踐中發現問題，然後想辦法去解決它。大數據處理的基本上都是這類問題：有了問題，向資料要答案。而方法導向性研究側重方法論的研究，先發展一套成熟的理論，然後再發掘它的應用。統計中的抽樣分析有著成熟完備的理論，強調隨機性，篤信再大的局部可能不如隨機抽樣有代表性。

退一步來說，就算不把大數據看作抽樣抽出來的樣本，我們也會發現抽樣在資料探索階段的一些應用。比如，在 ETL（Extract-Transform-Load）過程中，抽樣是必不可少的，不然就無法保證大數據的品質。另外，如果資料量過大，計算能力暫時跟不上，讀取、處理資料耗時太久，是不是該考慮更為傳統卻更加簡便實惠的抽樣呢？

大數據本身就是一種抽樣，一種樣本量很巨大、更接近「真相」的抽樣。事實上大數據和統計，大數據和抽樣的存在並不矛盾，並且在未來一段很長的時間內，二者還需要共存於世。

3

描述資料

偉大詩人聞一多先生在他的雜文《獸‧人‧鬼》的開篇這樣寫到:「劊子手們這次傑作,我們不忍再描述了,其殘酷的程度,我們無以名之,只好名之曰獸行,或超獸行。」文人用筆墨描述世界,文字間畫人畫骨畫心,世間百態,盡收眼底。

描述,語義是描寫敘述,指運用各種修辭手法對事物進行形象化的闡述。萬般皆是法。事物的道理總是相同的。在統計學中也有一系列方法可以對資料進行形象的闡述。使人們在面對大量資料茫然的時候,能夠迅速提煉出有用資訊,以一種直接、感性的方式勾勒出隱藏在冷冰冰資料背後的內涵。

均值：可能會說謊的天平

【案例1】中關村創業者平均 39 歲

網際網路時代，中關村就像一列開往春天的地鐵，吸引著越來越多的年輕創業者搭載著它去追逐創業夢。來來往往中，有的人成功了，有的人失敗了。這不要緊，重要的是，中關村的創業夢是中國夢的縮影，代表著中國年輕一代創新的智慧、信心和勇氣。

中關村管委會發佈的《中關村國家自主創新示範區創業發展報告（2012）》顯示，2011年中關村創業者平均年齡為 39 歲。樣本量為 11,872 位創業者，比例分佈大致：30 歲以下占 15%，30～34 歲占 15%，35～44 歲占 40%，45 歲以上占 30%。可以看出，除了45 歲以上優秀成熟的創業者之外，創業隊伍年輕化也是一種趨勢。

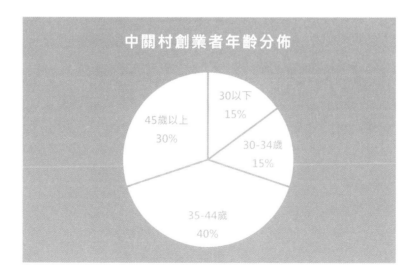

報告中詳細敘述了中關村各個年齡段創業者的占比，並給出了所有創業者的年齡均值，讓人們從宏觀層面有了一個總體的認識（中關村創業者普遍比較年輕），又從微觀方面對創業者年齡分佈有了一個具體瞭解。

【案例 2】令人啼笑皆非的統計局資料

中國統計局曾在 2011 年公佈：全國人均月居住支出為 111 元（人民幣）。雖然人們對統計局的名聲一直持一種笑而不語的態度，但在房價飆升甚至失控的情況下，這個資料已經遠遠超過人們心理可以承受的範圍：傻子才會相信人均月居住支出只有 111 元！群眾的壓力最終迫使統計局作出正面回應。原來，這個平均數基於這樣一種前提：不包括購建房支出和自有住房虛擬租金。真相大白後，人們才恍然大悟，原來平均 111 元的月居住支出是這樣計算來的。

這個案例告訴人們統計局的計算均值是透過排除了某些特殊值而計算得到的。計算本身沒有任何問題，卻說明均值有時具有欺騙性，會掩蓋掉一部分問題，因此在看到統計報告時要多問幾個為什麼。

【知識點】均值計算

像案例 1、案例 2 中所舉的例子那樣，均值頻繁出現在各種媒體的報告甚至官方的報告中。它的計算方式非常簡單。

假如有 n 個觀測值，$x_1, x_2, \cdots, x_n$，它們的均值稱作 （Mean），是透過所有觀測值相加除以觀測值個數得到的：

$$\overline{x} = \frac{x_1 + x_2 + \cdots + x_n}{n}$$

均值（Mean）是人們最熟悉不過的一個高度概括資料指標，反映資料集中趨勢，給讀者關於這些資料的一個大概的認識。比如，金磚五國首腦會議時，有人好奇地問中國今年 GDP 是多少，如果中國政府官員把北上廣深、河南河北、湖南湖北、江蘇浙江等省市 GDP 一一報出，別的國家的元首早就不耐煩了。這樣不僅顯得瑣碎，而且還抓不住重點。這就需要一個更具普遍意義和代表性的值。

求均值的過程，資訊會被濃縮。中關村創業發展報告中總結出中關村創業者的平均年齡為 39 歲。僅憑這個資料，只可以有一個非常模糊的感性認識：中關村創業者基本徘徊在中年不足、青年有餘的這樣一個年齡階段。仔細分析報告，才會發現更詳細的一些資訊：原來 34 歲以下的年輕創業者和 45 歲以上的成熟創業者各占半壁江山。

均值除濃縮資訊的特點之外，也是十分敏感的。可以把均值看作資料的中心。就好像一個天平，在天平兩端放上各種觀測值，搖搖晃晃中會在中心處達到平衡。天平兩端的任何一個值改變，這個平衡點就會隨之改變。案例 2 中統計局把購建房支出和自有住房虛擬租金這兩項重要支出排除在外後，得出來的月支出均值自然很小。特別是當資料中存在一些極端值時，這種敏感性就體現得特別明顯。

統計學家從不迷信平均數，相反地，他們一直都告誡大家要警惕「平均數陷阱」。他們經常用來自嘲的例子是這樣說的：一位篤信平均數的統計學家渡過一條平均水深為 0.5 公尺的河時，他淹死了。為什麼呢？因為他沒有在意，河水最深的地方有 2 公尺。

平均水深為 0.5 公尺

但河水最深的地方有 2 公尺

尋找中位數：排序，數到中間

【案例 1】騰訊筆試題：從大數據尋找中位數

騰訊公司雖然一直飽受著『一直在「複製」，從未被超越』的爭議，卻依舊不妨礙它成為中國網際網路時代的翹楚，在點滴間改變著中國人的日常生活方式。騰訊憑藉著自身獨特的企業文化和優厚的待遇，一直是很多 IT 技術宅們夢寐以求的公司。嚴格的人才選拔機制是其制勝的關鍵一環。

在 2008 年，騰訊應徵筆試中就有這樣一道題目：只有 2G 記憶體的 PC，有一個存有10G 個整數的檔案，從中找到中位數，寫一個演算法。網友給出了一些關於這道題的解題思維，其中最被普遍認可的就是借鑒桶排序思考方式而列出的演算法，大體思維如下：

（1）　假設一個整數是 32 位元無符號數。

（2）　第一次掃描把 $0{\sim}2^{32}{-}1$ 分成各個區間，記錄各個區間的整數數目。

（3）　找出中位數具體所在區間 $2^{16} * i{\sim}2^{16} * (i{+}1){-}1$。

（4）　第二次掃描則可找出具體中位數數值。

騰訊所指的中位數是一個數學上的概念，簡單地說就是把一列數按照從小到大的順序依次排列，然後找到中間的那個數。

【案例 2】淘寶賣家評分體系

淘寶為保證買家合法權益，建立了賣家評分系統。在每次交易完成後，買家有權利對淘寶店鋪的服務及產品品質等方面作出評價，這個評價體系會直接影響之後的買家對該店鋪的印象和購買。這個評價體系可從如下四方面來衡量，即是否與描述相符，服務態度，發貨速度，以及物流服務。用 5 顆星來打分，一顆星代表最差，5 顆星代表最好，如下圖所示。

假設有 5 個買家對該寶貝進行了評價。為方便記錄，用數位 1～5 代表一顆星到 5 顆星。4 個買家對店鋪 ADAMOON 的總體評分用均值和中位數分別表示在下表中。

淘寶買家	給店鋪評分				均　值	中位數
	描述相符	服務態度	發貨速度	物流服務		
小兔囡 jj	1	1	1	5	2	1
詩詩 love1314	2	1	2	3	2	2
Macui	5	5	1	5	4	5
天**h	4	4	5	3	4	4

中位數和均值一樣，都能代表一組數的中心。中位數比均值更穩定，更不容易受極端值的影響。

【知識點 1】求取中位數

中位數是一個分佈的中間點,可將數值集合劃分為相等的上下兩部分,使得一半觀測值比它大,一半觀測值比它小。中位數是如何計算的呢?

(1) 把所有觀測值按照從小到大的順序依次排列。

(2) 如果觀測值總數 n 是奇數,那麼 M 是這個從大到小的序列中的中間一個值。從最小的一個值開始數,數到第 $(n+1)/2$ 位置就是中位數。

(3) 如果觀測值總數 n 是偶數,那麼 M 是這個從大到小的序列中的中間兩個值的均值,即第 $n/2$ 和第 $n/2+1$ 個數的平均值。

案例 1 中騰訊公司的筆試題雖然是一道程式設計題,需要比較複雜的演算法,但是求取中位數的原理卻是一樣的,即數出一列從小到大的數中位於中間的那個。案例 2 中的淘寶評價體系可以用一個中位數概括 4 個指標的水準,代表某家店鋪的總體的優劣。建立一個基於這個中位數的指標,就能為未來的買家提供是否購買的參考。

【知識點 2】四分位數

所有觀測值按照從小到大的順序排列並分成四等份,處於三個分割點位置的數值就是四分位數:Q1、Q2 和 Q3。

◎ Q1:第一四分位數,又稱為「較小四分位數」,是將所有觀測值從小到大排列後第 25%的值。

◎ Q2:第二四分位數,又稱為「中位數」,是將所有觀測值從小到大排列後第 50%的值。

◎ Q3:第三四分位數,又稱為「較大四分位數」,是將所有觀測值從小到大排列後第 75%的數字。

這三個分位數可以在一張統計圖中展現出來,就是箱形圖(boxplot),它用來表示資料的離散的分佈情況。

中位數和均值一樣，都是一個反映資料集中趨勢的一個指標。和均值不同，中位數利用的是一組數的排序。強調了「順序」的作用，自然就弱化了「值」的作用。中位數的優點是對這組數中的極端值（極大、極小）不敏感，從而在某些程度上提高了它對於整組數列的代表性。求中位數時只需較少的計算量，這在大數據量的情況下是極具優勢的。

當然，一枚硬幣總有正反兩面。中位數是把一組觀測值按順序排列後找到中間的那個值所計算出來的數。它只利用了中間值，其他值都沒有被充分利用。因此，資訊利用不充分。這種只利用順序不忽略值的特點和非參數統計中的某些方法相似。當然非參數統計也同樣被詬病其在使用過程中存在資訊流失。

究竟應該選擇均值還是中位數呢？最具科學精神的判斷是基於實際情況作出來的。但現實生活中，一知半解的人，哪怕是精通統計學知識的「專家」也總是會傾向作出對自己更有利的選擇，儘管這個選擇有失公允。比如，某公司統計職工薪水，大多數普通員工薪水水準差不多，只有極少數高階主管的薪水非常高。那麼，薪水的均值肯定比中位數大。但是，該公司為了讓其待遇看上去更高，就用均值來描述薪水水準，儘管在這種情況下，中位數更合理。

最後，具體透過一個小小的例子來看中位數和其他兩個分位數是怎樣計算的。

假設某市 10 月份上半月最高氣溫按從小到大順序排列如下（單位：℃）。

1	1	3	**4**	4	6	12	**14**	15	15	16	**17**	23	24	24
			↑				↑				↑			
			$Q1$				M				$Q3$			

該市 10 月份下半月最高氣溫按從小到大順序排列如下（單位：℃）。

1	1	1	**2**	**2**	4	5	**8**	**11**	11	13	**15**	**18**	20	21	21
			↑					↑				↑			
			$Q1$					M				$Q3$			

上半月共 15 天（奇數），分位數和中位數可以直接數出來，如圖中所示分別是：4℃、14℃ 和 17℃。

而下半月共 16 天（偶數），第一分位數 $Q1$ 是第 4 和第 5 個觀測值的均值；中位數是第 8 和第 8 個觀測值的均值；第三分位數是第 12 和第 13 個觀測值的均值，計算如下：

$$Q1 = \frac{2+2}{2} = 2$$

$$M = \frac{8+11}{2} = 9.5$$

$$Q3 = \frac{15+18}{2} = 16.5$$

從計算結果中可以看出，下半月比上半月的氣溫低。

標準差、標準誤，傻傻分不清楚

⚓【案例 1】均值 - 變異數證券資產組合理論

上個世紀初期，金融市場，特別是證券市場在西方發達國家如雨後春筍般迅猛發展。為了適應金融資產的多樣性，各種投資理論應運而生。其中，「資產組合理論」創造性地應用資產價格歷史資料的變異數作為量化風險的指標。

變異數所給出的範圍是圍繞著收益均值正反兩個方向波動的。因此它作為衡量風險的指標挑戰著當時人們的傳統觀念：當時人們只把投資收益下降所帶來的損失的可能性看作「風險」。然後，專家已經從理論上證明收益的機率分佈（之後的章節會詳述這個概念）是對稱的。基於這個假設，變異數就能夠有效地衡量風險。把預期收益率和潛在風險相結合起來指導投資者投資行為，在當時的歷史條件下，是一種新的嘗試和突破。

案例中的變異數其實是樣本變異數，用來表示資料的波動。

⚓【案例 2】語文成績市調

某市教育局為了測試語文新教材在教改中發揮的作用，到某重點高中進行市場調查。該校共有在校生 1,000 人，市調組隨機抽取 50 個學生，用樣本中學生的最近一次期末考試的語文成績來估算全校所有學生的語文成績。根據所抽得的樣本，可以求出樣本均值和標準差。

市調小組本著科學、求真的精神，為了得到更精確的資訊來為進一步政策決策提供資料支援，他們反覆進行了 10 次抽樣，即抽取 10 個樣本，每個樣本都含有 50 個學生，每個樣本都可以求出一個均值。這樣，他們就得到了 10 個由均值組成的數列，然後用計算標準差的方法來算這 10 個均值的「標準誤」。此刻，標準差=標準誤。然而，在實際中，往往不可能隨心所欲地抽取 10 個樣本，而只能進行 1 次抽樣。這時候標準誤就不等於標準差。

標準差和標準誤的區別是，標準誤用來衡量抽樣誤差。均值的標準誤比觀測值的標準差小（因為除了一個 $\sqrt{n}$）。

⊱【知識點 1】標準差（Standard Deviation）

在國家計量技術規範中，標準差的正式名稱是標準偏差，簡稱標準差，用符號 σ 表示。標準差是最常用的偏差之一，測量觀測值和均值之間的「平均距離」，說明觀測值與均值相差多遠。它可以透過下表計算。

觀 測 值	差	平　　　方
x_1	$x_1 - \overline{x}$	$\left(x_1 - \overline{x}\right)^2$
x_2	$x_2 - \overline{x}$	$\left(x_2 - \overline{x}\right)^2$
x_3	$x_3 - \overline{x}$	$\left(x_3 - \overline{x}\right)^2$
…	…	…
x_n	$x_n - \overline{x}$	$\left(x_n - \overline{x}\right)^2$
和	0	$\sum_{i=1}^{n}\left(x_i - \overline{x}\right)^2$

進而得到樣本標準差的公式：

$$s = \sqrt{\frac{1}{n-1}\left(\left(x_1 - \overline{x}\right)^2 + \left(x_2 - \overline{x}\right)^2 + \cdots + \left(x_n - \overline{x}\right)^2\right)}$$

其中 n 為觀測值個數，$x_1, x_2, \cdots, x_n$ 為觀測值，$\overline{x}$ 為樣本均值。

案例 2 中教育局對某校的語文成績進行調查時，求取標準差用的就是這個公式。

⊱【知識點 2】標準誤（Standard Error）

在抽樣中，常用到樣本平均數的標準誤差或簡稱標準誤（Standard Error of Mean）。標準誤是多個樣本均值的標準差，用來衡量抽樣誤差的大小。人們習慣用樣本均值來推斷總體均值，那麼樣本均值的離散程度越大，抽樣誤差就越大。

假設有 m 個樣本，每個樣本都有一個均值，共 m 個均值：$\overline{x}_1, \overline{x}_2, \cdots, \overline{x}_m$，而它們的總體均值為 $\overline{x}_{總} = \left(\overline{x}_1 + \overline{x}_2 + \cdots + \overline{x}_m\right) / m$。均值的標準誤可以透過下表求得。

樣本均值	差	平 方
$\bar{x}_1$	$\bar{x}_1 - \bar{x}_總$	$\left(\bar{x}_1 - \bar{x}_總\right)^2$
$\bar{x}_2$	$\bar{x}_2 - \bar{x}_總$	$\left(\bar{x}_2 - \bar{x}_總\right)^2$
$\bar{x}_3$	$\bar{x}_3 - \bar{x}_總$	$\left(\bar{x}_3 - \bar{x}_總\right)^2$
…	…	…
$\bar{x}_m$	$\bar{x}_m - \bar{x}_總$	$\left(\bar{x}_m - \bar{x}_總\right)^2$
和	0	$\sum_{j=1}^{m}\left(\bar{x}_j - \bar{x}_總\right)^2$

$$s.e.\left(\bar{x}\right) = \sqrt{\frac{1}{m-1}\left(\left(\bar{x}_1 - \bar{x}_總\right)^2 + \left(\bar{x}_2 - \bar{x}_總\right)^2 + \cdots + \left(\bar{x}_m - \bar{x}_總\right)^2\right)}$$

但在現實生活中，只能抽樣 1 次，就需要用下面的公式來估計標準誤：

$$s.e.\left(\bar{x}\right) = \frac{s}{\sqrt{n}}$$

其中，s 是樣本標準差。

標準差用於表示資料的分散程度。假設有如下 4 組資料，並把它們畫在下頁的圖表中。

（a） 7 7 7 7 7 7 7

（b） 6 6 7 7 7 8 8

（c） 4 4 5 7 9 10 10

（d） 4 4 4 7 10 10 10

儘管 4 組資料的均值都是 7，但標準差各有不同。第一組資料中所有觀測值都等於樣本均值，資料高度集中，沒有任何離散，所以標準差為 0。在其餘的三張圖中可以看出，資料越分散，標準差越大。

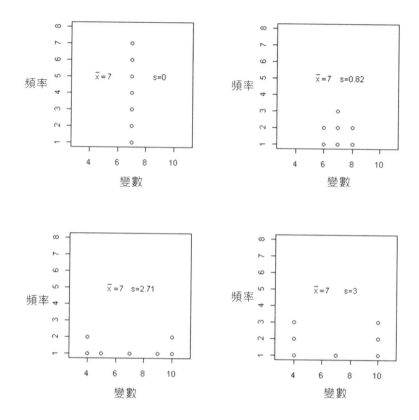

在金融市場中，標準差可用來表示潛在的風險。在案例 1 中，「資產組合理論」的核心理念是在投資過程中把預期收益和風險結合起來考慮，而不是像之前的投資理論那樣把收益最大化作為決策的標準。做投資，就是「Hope for the best，plan for the worst」。我們要引以為戒，不能像前面提到的統計學家那樣淹死在均值為 0.5 米深的河裡。在比較究竟投資哪個證券時，除了看收益均值，還要看風險大小，一般情況下用收益率的標準差 σ 來表示。標準差越大，意味著偏離收益均值越大，也就是波動大、不穩定，該證券風險越大。

標準差和標準誤是兩個極其容易被混淆的概念，即使是資深的統計學專家，也不能保證可以百分之百地準確說出這二者之間的區別。標準誤用來衡量抽樣誤差。從二者的公式對比中可以看出，均值的標準誤比觀測值的標準差小（因為除了一個 $\sqrt{n}$）。這不難理解，均值的變化理應比觀測值本身更穩定。標準差和標準誤的最大區別在於：只需要一個樣本就能計算出標準差，但卻需要多個樣本才能計算出標準誤。

圖表替資料說話：「剩女」和相親市場

人們最自然、最樸素、最本能的思維習慣往往都是直觀的。比如，和人類古老文明一同起源的象形文字（埃及的象形文字、蘇美爾文、古印度文及中國的甲骨文）。而資料和這種思維習慣本身是相違背的。因為資料給人的感覺總是抽象的、冷冰冰的、拒人於千里之外的。儘管有各種各樣的「指標」，如均值、標準差等，可以總結資料的特性，但始終不如直接用圖像表示來得更親切、直觀。

在任何需要作報告的場合，無論商業的還是學術的，做 PPT 的人總是傾向於用生動的圖像來展示資料，因為，他們不想讓聽眾在開場 5 分鐘內就睡著。慶幸的是，在各種軟體越來越友好、人性化的今天，人們可以輕而易舉地實現這種需求，生成的圖像也越來越簡約、精美、個性化。

【案例】「剩女」和潛力巨大的相親市場

「剩女」一詞其實沒有統一定義，但普遍指的是高齡未婚並且沒有交往對象的女性。她們大多受過良好教育，氣質優雅、談吐不俗，工作穩定，或許身邊還不乏優秀的單身男士；她們還曾有過幾段風花雪月的情感經歷，或刻骨銘心或情深緣淺，但總是修不成「談婚論嫁」的正果。在這個眼球經濟的年代，「剩女」一方面承擔著在尋找另一半路上的孤獨，另一方面更承擔著外界、甚至至親的壓力。前路艱辛，可想而知。

「剩女」屬於一個多因素導致的複雜的社會現象。除了變成媒體炒作吸睛的關鍵字之外，也同樣引起了國家層面的關注。2006 年教育部發佈《中國語言生活狀況報告》，並將「剩女」一詞收入其中。2012 年 12 月，國家人口計生委培訓交流中心和世紀佳緣網站聯合發佈了《2012-2013 年中國男女婚戀觀調查報告》。報告中『「剩女」的自白書部分』就針對這個問題，利用線上調查的手段和定量分析的方法進行了研究。

市調收集到有效樣本 85,498 個，其中女性占 49%。一些有意思的結論如下。

（1）　把自己當成「剩女」的女性當中，以 70 後和 80 後為主。各年齡段的占比分別為：4.9%（90 後）、37.5%（80 後）、37.4%（70 後）、13.1%（60 後）以及 8.8%（60 前）。

（2）　學歷越高變成「剩女」的可能性越大。各學歷層次的占比分別是：23%（高中及以下）、30.1%（大專）、36%（本科）和 48%（碩、博）。

（3）　「剩女」的最大壓力來自她們的父母。在「壓力來自哪裡」的多項選擇題中，各選項被選擇的數分別為：11,012（父母），9,394（自己）和 7,974（朋友、同事）。

（4）　盛產「剩女」的職業第一名是：設計。各大類職業的具體占比為：18%（設計）、15%（金融會計）、14%（媒體）、14%（美容）、14%（自由職業）、11%（醫藥）、11%（行銷）、3%（公務員）和 1%（教師）。

「剩女」被熱議的同時，人們應該看到還有很多「剩男」存在。這是種結構性失調。這一切背後隱藏了一個擁有巨大潛力的市場。以《非誠勿擾》為例，節目自開播以來長期佔據收視率冠軍的寶座，插播廣告費用不菲，其冠名權價值高達 1 億元！繼《非誠勿擾》熱播之後，各大衛視紛紛加入電視相親的熱潮，逐步形成群雄混戰的局面。

2011 年的調查資料顯示，中國 18～34 歲的適齡青年中非婚人群數量高達 1.8 億，而其中 56%的人聲稱自己接受網路相親的模式。這就催生了婚戀類網站的產業。它們的盈利模式主要是提供線上服務結合組織線下活動，並為 VIP 會員提供一對一「輔導」相親。以此種方法翹楚世界、中國第一個上市的相親網站佳緣為例，擁有註冊使用者 6,000 多萬，從 2008 年以來，淨利潤節節攀升（2008-2011 年：2,760 萬元、6,390 萬元、16,760 萬元和 33,000 萬元）。

我們應當感謝「剩女」。是她們，讓我們上網逛論壇時有了更多可以吐槽的機會；是她們，養活了一批批苦於沒有題材而絞盡腦汁的媒體工作者；是她們，炒熱了一個個娛樂節目，讓曾經名不見經傳的主持人身價百倍；是她們，帶動了一條利潤豐厚的產業鏈，催生了一個潛力巨大的市場。

在案例中關於剩女的調查報告總結了很多資料，這些資料都可以用最傳統的圖形「三套車」表示出來。它們是古老卻永遠時尚的圓形圖、長條圖和散佈圖。

⚑【知識點 1】圓形圖（Pie Chart）

圓形圖（Pie Chart）特別適用於取值沒有順序之分的分類變數，用於表示各個取值占總體的比例。

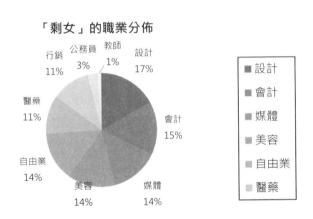

案例中對「剩女」的職業也進行了深入探討。資料表示成圓形圖後可以發現「教師」這個行業最不產「剩女」。

⚑【知識點 2】長條圖（Bar Chart）

長條圖（Bar Chart）是用一系列不同長度的條紋表示資料分佈的情況的圖，通常用來比較兩個或以上的值。和圓形圖相比，長條圖能更容易展示各部分之間的相對大小。

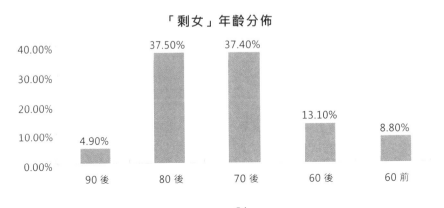

從長條圖可以看出，案例顯示「剩女」多為 70 後和 80 後，也是適婚年齡的群體。90 後和 60 前的比例最小，很有可能因為她們要嘛還沒到適婚年齡，要嘛就是已經過了適婚年齡。

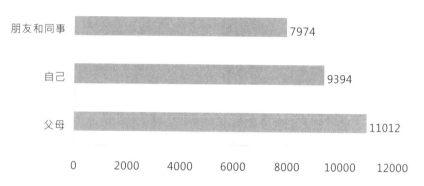

案例中「剩女」的「壓力來自哪兒？」這張圖最具諷刺意味。父母往往永遠都不會明白，他們以愛的名義在給子女許多的不快樂。也或許，他們就算冒著令子女討厭的風險也要踐行「父母之愛子，則為之計深遠」：他們無法陪伴子女走到生命的終點，所以希望有人可以陪著其子女走完這一程人生。

【知識點 3】散佈圖（Scatter Plot）

散佈圖（Scatter Plot）用來表示兩個變數間的關係及它們相互影響和變化的大致趨勢。

案例顯示相親網站的利潤可以用散佈圖表示，可以看到它在 2008—2011 年 4 年間持續走高。在現如今這個網路思維橫行的年代，不得不讓懷揣著創業夢的中關村的廣大網際網路創業者望洋興嘆：真是個一本萬利的產業！

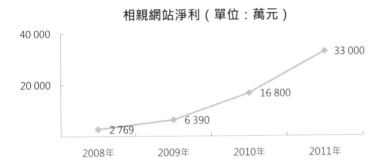

案例和知識點中所涵蓋的圖像類型非常有限，不過是眾多圖像中的滄海一粟，並且是最基本、最普通、最不起眼的一粟。但是，大道至簡。下面從最簡單、最基礎的資料圖像化的表示方法切入，拋磚引玉：拿目前大家都關注的一個現實話題來說——關於「剩女」和相親。

其實，筆者不願意用「剩女」這個詞。這個詞頗具亞洲文化的特色，背後暗含深意：人們一方面無法正視越來越多的女性在社會生活中處於更優秀地位的事實，一方面又極力用強加給女性的年齡脅迫來掩飾其內心的虛弱。為什麼人們已經隨著科學和技術的進步到了一個嶄新的紀元，而思想依舊停留在保守的年代。比這更可怕的是，更多的人深受其害卻不自知。思想的解放之路，遠比我們想像得要更漫長、艱難。

當我們把《2012-2013 年中國男女婚戀觀調查報告》中列舉的幾個有意思的結論用圖像的形式表示出來時，就產生了一種更直觀、生動的效果。

從職業分佈圖中，可以看到占比最大的是設計類職業，以及並列第三的自由職業和媒體都是相對「瀟灑」的職業，生產「文青」，這類女性往往擁有較高的品位和與眾不同的審美；同樣位居第三的美容業，從業人員和顧客都多為女性，工作中接觸異性的機會少；金融會計類的女性是僅次於「理工女」的「學霸」類型，往往清高、勤奮、優秀。

資料視覺化：「雲想衣裳花想容」

當年，詩仙用「雲想衣裳花想容」那樣曼妙的詩句形容貴妃的絕世容顏。自從人類社會跌跌撞撞地進入大數據時代後，「資料視覺化」的技術如同給數據資料穿上一件美麗的外衣：它不再面目可憎、羞於人前，而是不吝把它的絕代風華和世人分享。資料視覺化作為一種表現大量、高速運轉資料的方法，以一種必然潮流的姿態，走進越來越多的人的視野。

中國資料分析第一門戶網站——中國統計網，其中有一個很重要的版面叫「看圖說話」。在這個版面中，很多關於大數據的熱點問題用各種清晰、明快、簡潔而又優美的圖展示出來。既體現了該網站對大數據這個熱門話題的獨特視角，又體現出設計人員深厚的人文底蘊和專業的藝術素養。其中一個案例如下。

【案例】誰在開網店？

2012 年阿里研究中心和北大合作，展開深入研究並於同年在全球網商大會上發佈第一份網路賣家圖譜《誰在開網店》。

報告表明：網路店家的主力軍竟然是兼職（占比近 70%），接下來才是白領、在校學生、待業青年、家庭主婦、農民甚至退休老人。網店涉及農產品、手工藝品、地方特產等各個領域。

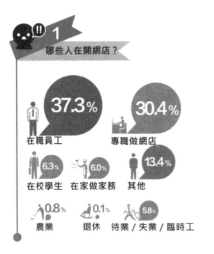

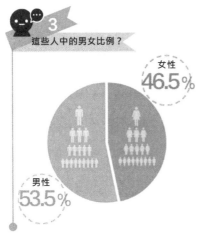

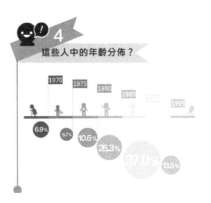

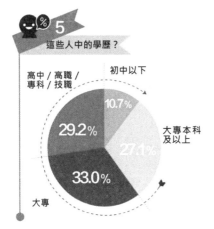

【知識點 1】什麼是資料視覺化？

資料視覺化（Data Visualization）是指合理運用圖形的特點，包括形狀、色彩、對比度、大小等，讓人們更快、更直接地認識資料特徵。在如今資料呈幾何級爆炸，更高、更快、更強的演算法也應運而生。人們有需求、更有能力將巨量複雜多源的動態資料，以一種更人性化、更優美的方式表現出來。資料視覺化的最終目的是透過視覺化處理，能夠明確、有效地傳遞資訊。

案例中北大和阿里雲合作的報告中給了美觀、大方、形象豐富的圖，是資料視覺化的一個小例子。無疑，這種表達資料的方式是令人賞心悅目的。

【知識點 2】資料視覺化主要應用領域

（1）　展示和傳遞資訊。對繁雜的原生態資訊進行收集、歸納、分類和分析，從中提煉出最有用的部分，以準確、生動、令人愉悅的形式展示出來，讓人們從中獲得啟示。

（2）　資料採擷。從巨量、多維、高速運轉的資料海洋中，透過電腦手段進行視覺化分析，進而提取關鍵資訊，尋找關聯性。

案例中《誰在開網店》給出的圖實際上是資料視覺化應用的第一個領域，也是最基礎的領域，即展示和傳遞資訊，供人們參考。

【知識點 3】資料視覺化的工具

（1）　入門級：人生若只如初見。

Excel：如鄰家小妹一樣清新、親切的入門工具。普及率高，但圖形樣式有限，非專業水準。

（2）　線上工具：眾裡尋他千百度。

Google Chart API：只提供動態圖示，功能完備，並且 Google 風格濃郁。

Flot：線框圖表庫，支援幾乎所有 IE 等主流的瀏覽器。

Raphaël：新建圖表和圖形的 JavaScript 程式庫，可生成向量格式，解析度好。

D3：能夠提供大量線性圖和橫條圖之外的複雜式樣。效果花哨，應當注意保持簡約。

（3） 互動圖形化使用者介面控制：春江水暖鴨先知。

Crossfilter：當調整一個圖表中的輸入範圍時，相關圖表的資料也會隨之改變。

Tangle：模糊了內容與控制之間的界限，讀者可以調整輸入值獲得相對應資料。

（4） 地圖工具：溯遊從之，道阻且長。

Modest Maps：最小的可用地圖庫，主要負責提供一些基本的地圖功能。

Leaflet：小型化、輕量化的地圖框架，主要滿足移動網頁的需要。

OpenLayers：可靠性很高，並且能夠提供一些其他地圖庫都沒有的特殊工具。

CartoDB：擅長把表格資料和地圖聯繫起來，可以免費生成五張地圖資料表。

（5） 專家級：獨上西樓，望盡天涯路。

R：擁有強大的社群和元件庫，而且還在持續不斷更新，絕對物超所值。

Weka：想成為資料科學家的不二選擇，可將資料視覺化擴展到資料採擷領域。

資料視覺化，代表了一種跨界相習的精神。有太多理科背景的人在玩資料，他們往往理性、嚴謹有餘，創造力、想像力和審美力不足。雖然資料視覺化是指手段，核心還是資料所包含的訊息量。我們還是期待更多科學和藝術的碰撞，給資料披上雲霞般的衣裳，讓它笑靨如花，展現出資料獨有的美和魅力。

慶幸的是，技術的迅猛發展讓「資料視覺化」這個概念不再「居廟堂之高」，這門技術也不僅僅是掌握在個別電腦專家和設計師手中的「武功秘笈」。借助各種工具，視覺化過程變得越來越易於操作。

4

常態女神

在統計學的奧林匹斯山上，她如同一位沉睡在神殿裡的女神，智慧的光芒無處不在，掌握著紛繁資料背後隱藏的規律。她似乎也在啟示著人們這個紛繁世界背後某些隱秘的禁忌和深入的思考：任何事物都存在著分佈不均勻的特徵，比如財富、資源；而這種差異的背後又暗含著一致性。

這位女神就是常態分佈。

常態分佈，也稱為正態分佈，是一種機率分佈，廣泛存在於自然界、人類社會的各種現象中。比如，美國著名心理學家 Richard J. Herrnstein 在《常態曲線》一書中就提到人類的智力服從常態分佈。智力主要受遺傳影響，並且因種族的不同而呈現出不同的整體差異。他認為，智商最高的是東亞人和猶太人，其次是白人，最差的是黑人、西班牙裔人。

常態分佈幾乎是所有統計學家共同的初戀情人。著名統計學家高爾頓（舉世聞名的達爾文的表弟）對常態分佈就有著濃郁的「初戀情結」和宗教般的信仰：「我幾乎不曾見到像常態分佈這樣能激發人們無窮想像的宇宙秩序。」

也有人說，常態分佈的公式屬於世界上最美數學公式的 TOP 10。從筆者個人的審美角度，也覺得常態分佈的鐘形曲線（Bell Curve）猶如女神柔美綽約的體態曲線，均勻對稱，極富線條的美感。

當然，要揭開女神的面紗，一睹她的風華絕代，就需要有深厚的機率論基礎。

期望：量化你的預期

【案例 1】擲骰子和白努利試驗

連續擲一個質地均勻的骰子兩次，問兩次均擲出 6 點的機率是多少？

一個骰子只能擲出 6 種情況，1～6 點，質地均勻的意思是擲出每個點數的可能性一樣。每擲一次，成為一次「試驗」，每次試驗都只有兩種結果：要嘛出現 6 點，要嘛不出現。將骰子連續擲兩次，每次結果獨立，互不干擾，並且每次擲，出現 6 點的機率都一樣。這就是一個白努利試驗。

列舉兩次試驗結果的所有可能性如下：

$$(1,1)\ (1,2)\ (1,3)\ (1,4)\ (1,5)\ (1,6)$$

$$(2,1)\ (2,2)\ (2,3)\ (2,4)\ (2,5)\ (2,6)$$

$$(3,1)\ (3,2)\ (3,3)\ (3,4)\ (3,5)\ (3,6)$$

$$(4,1)\ (4,2)\ (4,3)\ (4,4)\ (4,5)\ (4,6)$$

$$(5,1)\ (5,2)\ (5,3)\ (5,4)\ (5,5)\ (5,6)$$

$$(6,1)\ (6,2)\ (6,3)\ (6,4)\ (6,5)\ (6,6)$$

從這個分佈中可以看出，連續兩次出現 6 點的機率是 1/36。白努利試驗和二項分佈相關。二項分佈是一類十分重要的離散分佈。離散分佈是機率分佈的一種，除了離散型，還有連續性分佈。在接下來的知識點中會詳細介紹什麼是機率分佈。

【案例 2】賭場就是機率場

20 世紀 80～90 年代香港的影壇，《賭神》、《賭聖》、《賭俠》等以賭博為題材的電影中雲集了那個時代最著名的影星：男神周潤發、天王劉德華、喜劇巨星周星馳、女神張敏、百變梅豔芳等。雖然賭博這個古老的行業在現代的中國是不合法的，但也為好奇的觀眾揭開了神秘賭場的一角。

對於賭徒來說幾乎無人能逃脫「十賭九輸」的魔咒，而開賭場的幾乎就沒有虧本的。這並不排除賭場「出老千」的伎倆，但更主要的是賭場深諳機率論。統計學原理決定了賭場是更佔優勢一方。雖然天下熙熙，皆為利來，天下攘攘，皆為利往，但賭客越多，賭場就越不容易輸。

如何來理解這個事實呢？下面讓筆者來做莊，我們一起來賭一局。

100 元賭一把，有 14 張牌，其中有一張是 KING。如果誰抽中了 KING（成功），莊家就賠他 1,000 元，如果沒有抽中（失敗），那麼他那 100 元就給莊家了。

這麼賭，作為莊家的筆者究竟占了怎樣的優勢呢？抽之前結果未知，只知道抽中 KING 的機率是 1/14，而抽不中的機率是 13/14。只開一局，要嘛抽中贏 1,000 元，要嘛抽不中輸 100 元。但如果一個倔強的賭徒，堅持不懈地賭上成百上千局，那麼又會呈現怎樣的結果呢？

這就必須引入一個叫作「期望」的概念，可以簡單地理解為某個時間在大量重複的情況下的平均情況。把抽中和抽不中的情況結合起來，那麼賭徒的「期望」是多少呢？

$$1000 \times \frac{1}{14} + (-100) \times \frac{13}{14} = -21.43$$

這意味著，如果賭徒玩了很多局，平均下來他還是輸了，輸大概 21 元。要是莊家設定抽中賠 1,300 元，那麼賭徒期望值是 0，平均下來他不輸不贏。要是抽中 KING 賠 1,400 元，那麼數學期望值是 100/14，對賭徒有利。如果一直玩下去，賭場就會虧本，莊家當然不會這樣設計賭局規則。

筆者上大學時，有位教機率論的老師，他年輕時在國外某賭場工作。哪有那麼多賭神、賭聖、賭俠，哪有那麼多靠賭博一夜致富的人？懂得統計學的人都知道，其實賭場會

把賭徒的期望永遠都調為負值，賭場的人來來往往，按照這個期望，讓自己始終保持賺錢的地位。

案例中告訴讀者期望是什麼，以及離散變數的期望如何求取、如何解讀。除了離散變數，連續變數也很重要。此外，除衡量變數平均水準的期望之外，還有可以衡量變數偏離均值波動程度的變異數。期望和變異數從兩個維度全面衡量一個變數。知識點中從理論上進行詳細介紹。

【知識點 1】機率分佈

隨機變數的機率分佈有離散型和連續性兩種。

1）離散型機率分佈

離散型隨機變數 X ，在 n 次試驗中的所有取值的可能性和其對應的機率如下。

可能的結果	x_1	x_1	$\cdots$	x_1
對應的機率	p_1	p_1	$\cdots$	p_1

變數 X 取值為 x_i（ $x_i = 1, 2, ..., n$ ）時對應的機率 p_i 被定義為：

$$P(X = x_i) = p_i$$

其中 $i = 1, 2, \cdots, n$ ，機率不能為負，所以 $p_i \geq 0$ ；所有可能加起來為 1 ，即 $\sum_{i=1}^{n} p_i = 1$ 。

2）連續型機率分佈

連續型隨機變數（如價格、身高等）的機率分佈其可能取的值是不可數的，不可像案例 1 中那樣一一列舉。隨機變數 X 在某個區間內取值的機率用 $P(a \leq x < b)$ 來表示：

$$P(a \leq x < b) = \int_a^b f(x)\mathrm{d}x$$

其中 $\int_a^b$ 是積分符號，$f(x)$ 是 X 的機率分佈密度函數，決定連續型隨機變數的機率。分佈函數 $f(x)$ 完全刻畫了隨機變數取值的機率規律。

【知識點 2】期望（Expectation）

對於離散型隨機變數 X，它全部可能的取值是 $x_1, x_2, \cdots$，相對應的機率是 $p_1, p_2, \cdots$。在次數不多的試驗中，試驗的均值是隨機的。但如果試驗很多很多次（趨近於無限）之後，均值則趨近於隨機變數 X 的數學期望：

$$E(X) = \sum_{k=1}^{\infty} x_k p_k$$

對於連續性隨機變數，它的期望依賴於機率分佈函數 $f(x)$，是根據下面的公式計算的：

$$E(X) = \int_{-\infty}^{\infty} x \cdot f(x) \mathrm{d}x$$

期望的如下良好性質被經常使用：

◎　若 c 為常數，則 $E(c) = c$

◎　若 k 為常數，則 $E(kX) = kE(X)$

◎　$E(X_1 + X_2 + \cdots + X_n) = E(X_1) + E(X_2) + \cdots + E(X_n)$

◎　若 X、Y 相互獨立，則 $E(X \cdot Y) = E(X)E(Y)$

案例 1 中所提及的白努利試驗，設 X 表示 n 次試驗中成功（如：抽中 KING）的次數，$X = \sum_{i=1}^{n} X_n = X_1 + X_2 + \cdots + X_n$，對於 $i=1,2,\cdots,n$，X 服從參數為 n, p 的二項分佈，即：

$$X \sim B(n, p)$$

其中，

$$X_i = \begin{cases} 1 & \text{如果第 } i \text{ 次成功} \\ 0 & \text{如果第 } i \text{ 次失敗} \end{cases}$$

定義「成功」對應的機率為 $P(X_i=1)=p$，「失敗」的機率為 $P(X_i=0)=1-p$，因此根據離散變數期望的公式，可以求得二項分佈為：

$$E(X) = E\left(\sum_{i=1}^{n} X_i\right) = \sum_{i=1}^{n} E(X_i) = np$$

【知識點 3】變異數

變異數（Variance）用來衡量隨機變數和它的期望之間的偏離程度。這在實踐中非常必要。當資料比較分散時，各個樣本點偏離期望的程度就越大，資料波動越大，變異數也就越大；當資料分佈比較集中時，波動越小，變異數就越小。變異數的常用公式如下：

$$Var(X) = E\left[\left(X - E(X)\right)^2\right]$$

有時候也用如下公式計算：

$$Var(X) = E(X^2) - \left[E(X)\right]^2$$

下面就用這個公式來計算案例 1 中白努利試驗產生的二項分佈的變異數：

$$Var(X) = np(1-p)$$

機率分佈用來描述隨機變數取值的機率規律。

本書第 1 章引入了機率和隨機變數的概念。機率表示一次試驗中某一個結果發生的可能性。但若要全面瞭解事情的統計規律，就一定要知道試驗的全部可能的結果及各種結果對應的機率，這就是說，要瞭解隨機試驗的機率分佈（Probability Distribution）。

隨後引入了期望和變異數的概念。這裡，也是分兩種情況來討論的，即離散型變數和連續型變數。期望和變異數作為衡量隨機變數分佈特徵的兩個重要度量也是下面將要討論的常態分佈的兩個重要參數，對於讀者更好地理解常態分佈這個最重要的連續型分佈十分重要。

大數定律：為什麼十賭九輸？

【案例 1】澳門風雲

波譎雲詭的澳門成就了一代賭王何鴻燊。

何鴻燊在接手葡京賭場之後，事業如日中天。何賭王居安思危，請了最好的風水師來把賭場設計成「吸金」的風水局，可他還是不放心，擔心來賭錢的人如果一直輸，就沒有人再來賭錢了，那麼賭場就面臨關門大吉的局面。

他帶著這個問題去請教賭神葉漢。葉漢點起一根雪茄，不急不慢地說到：「這世界每天都死人，你可見這世上少人？」

賭神的回答一語道出了統計學中的一條黃金定律──大數定律。

上述揭示了賭場在本質上是一個蒙著溫情面紗實際上卻血淋淋的「機率場」。

又有一天，一位杜拜王子慕名而來挑戰賭王。王子說：我們就玩一把擲硬幣。如果是正面朝上，我給你 100 億美元，如果是反面朝上，你的賭場歸我。

王子按照現在的說法就是 24K 純土豪高富帥。

賭王聽了，脫口而出兩個字：呵呵。然後抖一抖他雪茄上的煙灰，溫和地說道：「這個遊戲固然公平，但不符合我們賭場的規矩。如果你有興趣一試身手，我們不妨玩擲骰子，1,000 下定勝負。我贏了，只收你 50 億美金；你贏了，我的賭場歸你。」

賭王之所以成為賭王並非浪得虛名，他深深地知道大數定律對於賭場的意義。

開賭場最討厭「一錘子買賣」，特別是遇到像王子這樣一擲千金的 VIP。相反，賭場最歡迎的是斤斤計較、想來賭場碰碰運氣的草根，他們雖然玩的金額小，卻構成了賭場最需要的龐大基數，給賭場帶來穩定收益。他們就是賭場大數定律中的「大數」。

相反，一個賭注巨大的超級賭客卻有風險導致賭場收益的大幅震盪，甚至導致賭王傾家蕩產。

賭王當然不會讓這樣的悲劇發生。

幾乎世界所有賭場都心有靈犀地設定最高投注的限額。這樣，即使在最不幸運的情況下，也不會令賭場虧得太多，大數定律依然有效。

【案例 2】誰會是被騙的大傻瓜？

在這個誠信越來越受到質疑的社會裡，人們的個人資訊在各種不知情的情況下被莫名其妙地洩露。於是鋪天蓋地的騷擾、詐騙簡訊、盜號等跳樑小丑般的行為不停地騷擾著人們的生活，只要你有手機、有電話、有電腦，就註定無處可逃。

有時候，人們不禁會質疑，這種像沒頭蒼蠅一樣碰運氣的騙子，用這種愚蠢、低級的騙術，真的會有人上當嗎？

但騙子的行為卻符合「大數定律」：只要發出的詐騙簡訊足夠巨量，上當受騙的機率會穩定在某個值附近，做極小波動。

有人曾做過這樣一個有趣的統計。每發出一萬條這樣的詐騙簡訊，受騙的人就有七八個，非常穩定。林子大了什麼鳥都有。一萬個人裡面，有聰明的，也有笨的。所以，只要堅持不懈地發出這樣的詐騙簡訊，就一定會有傻瓜上當。

人過一百，形形色色。人群中個體千差萬別，但一些反映群體的平均特徵，總會保持在一個相對穩定的範圍內波動。不要不信，這就是大數定律在起作用。

【知識點】大數定律

大數定律（Law of Large Numbers），又稱為大數定理或大數法則，是一種描述當試驗次數很大時所呈現的機率性質的定律。

大數定律有一些不同的外在表現形式，其中比較重要的一種表現形式是切比雪夫大數定理。

設 $x_1, x_2, \cdots, x_n$ 是一列兩兩互不相關的隨機變數。若它們的變異數滿足 $Var(x_k) \leq c$，$k = 1, 2, \cdots, n$，那麼，對於任意小的正數 ε，下面的關係成立：

$$\lim_{n \to \infty} P\left(\left| \frac{1}{n} \sum_{k=1}^{n} x_k - \frac{1}{n} \sum_{k=1}^{n} E\left(x_k\right) \right| < \varepsilon \right) = 1$$

在重複次數足夠多的條件下，隨機事件往往呈現幾乎必然的統計特性。大數定律是以確切的數學形式表達了大量重複出現的隨機現象的統計規律性，即頻率的穩定性和平均結果的穩定性。

就如同案例 1 中的葡京賭場，偶然的一次豪賭，在不出老千的前提下，賭王能否獲勝純屬偶然；但如果是基於賭場每天成千上萬來來往往的賭徒所共同構成的集體行為，人們就會發現，大數定律在看似偶然的表象下暗暗操控這一切，事物總是向著它原本就應該具有的期望一步步無限逼近。

常態分佈：大道至簡，大美天成

【案例 1】高爾頓釘板

達爾文的表弟高爾頓雖然不及表哥那樣著書立說、流芳百世，但也算是一代宗師，自立門戶開創了生物統計學派。

他的靈感來源於表哥。自從表哥寫了《物種起源》聲名鵲起後，他試圖另闢蹊徑，開始應用統計學方法解決遺傳進化的問題。其中，他極力推崇常態分佈，認為它就如同可以適用於無數情況的一般法則。

高爾頓設計了一個有趣的裝置，名為高爾頓釘板（Galton Board），用來模擬常態分佈。

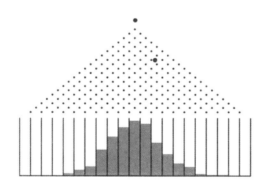

他找來一塊木板，按照上圖的模式釘了好多釘子，每個釘子之間都是等距離的。釘子的下面是一排鐵槽。然後，他把一個尺寸大小恰好的小圓球放在鐵釘的最頂端，然後讓它自然下落。小球在碰到釘子後都會向左滾，還是向右滾，機率都是 1/2。如果有 n 排釘子，則最終各槽內球的個數服從二項分佈 $B(n,1/2)$，當 n 很大時，落到鐵槽裡的球的個數近似服從常態分佈。

如果在這個釘板的某處放一個隔板，然後在隔板上挖出大小不一的若干個洞，然後再從上往下扔球。那麼在鐵槽下就會形成大小不一的常態分佈。

高爾頓考察了父親和子女兩代人的身高，發現遵從同一的常態分佈。他很疑惑，遺傳作為一個關鍵因素是如何起到作用的？

利用這個神奇的釘板，他就可以解釋了。身高受到若干因素的影響，它們共同作用。每個因素的影響可以透過一個常態分佈來表達。遺傳是影響身高的一個重要因素，就如同圖中鐵槽處形成的一個較大的常態分佈，而多個大小不一常態分佈累加之後其結果仍然是一個常態分佈。

【案例 2】女博士嫁人難，誰之過？

專科生是冰清玉潔的小龍女，本科生是顧盼生姿的黃蓉，碩士生是千嬌百媚的趙敏，博士生是赤練仙子李莫愁，碩博連讀更可怕，是花見花敗的滅絕師太！

在這個剩女越來越多的年代，女博士這個「可怕」的「第三類人」的群體更是嫁人難的代表。這在各大媒體、特別是網路上已經是老生常談。

是中國男人受傳統男強女弱思想的影響，還是女博士看男人的眼光太挑剔？還是這個社會對高學歷的女人不夠寬容？

其實，女博士嫁人難，都是曲線惹的禍。這做何解？

在國外，特別是發達國家，並不存在著女博士嫁人難的問題。筆者作為留學北歐的女博士，留學期間，曾被一些金髮碧眼的追求者愛慕。他們的理由之一就是，因為 PhD（博士）好聰明，數學好，很酷。這絕不可能發生在中國。

不光是中國男人受東方傳統觀念影響，女人也同樣。女人，哪怕是女博士，也總想嫁一個財富、學識、智商等比自己強的男人。而智商的常態分佈曲線決定了這個美好的願望很難實現。

分佈在智商的常態曲線兩端的是智商過低或者過高的人。智商越高的人數越少。

比平均智商高一個標準差的人占總人口的 16%，高兩個標準差的只占 2.2%。女博士本身智商就高於平均水準，若要再找比自己智商更高的男人，其競爭激烈可想而知！

處於常態分佈右端的女博士何不轉變思維？為什麼女博士就一定要找比自己智商高、比自己強的？換一個角度，或許柳暗花明，豁然開朗。

📌【知識點】常態分佈

常態分佈（Normal Distribution）也有譯為「正態分佈」，又稱為高斯分佈（Gaussian Distribution），是一種最常見、最重要的連續型對稱分佈。若連續型隨機變數 X 的機率密度為：

$$f(x) = \frac{1}{\sqrt{2\pi}\sigma} \exp\left(-\frac{(x-\mu)^2}{2\sigma^2}\right)$$

則稱 X 服從期望為 μ、變異數為 σ^2 的常態分佈，記作 $N(\mu, \sigma^2)$。常態密度的機率密度函數曲線呈鐘形，因此經常把它稱為鐘形曲線。

常態分佈具有如下性質。

◎　集中性：常態曲線的高峰位於正中央，即均值所在的位置。

◎　對稱性：常態曲線以均值為中心，左右對稱，曲線兩端永遠不與橫軸相交。

◎　均勻變動性：常態曲線由均值所在處開始，分別向左右兩側逐漸均勻下降。

常態分佈有如下兩個重要參數。

◎　期望：$E(X) = \mu$。μ 決定常態曲線的中心位置。

◎　標準差：$\sqrt{D(X)} = \sigma$。σ 決定常態曲線的陡峭或扁平程度。σ 越小，曲線越陡峭；σ 越大，曲線越扁平。

標準常態分佈是標準化後的常態分佈，以 0 為均數、以 1 為標準差，記作：

$$\frac{X-\mu}{\sigma} \sim N(0,1)$$

標準常態分佈以 y 軸為中心，左右對稱分佈，如下圖所示。

標準常態分佈

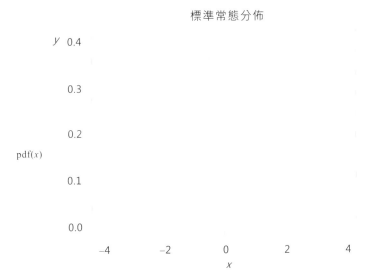

常態分佈又稱為高斯分佈，是以數學王子高斯的名字命名的。在學術界，「冠名權」比最黃金檔的娛樂節目的廣告冠名權還要珍貴，「人過留名，雁過留聲」，數學家的名字將隨著人類科學史的沿襲被一代又一代的學術後輩所銘記。

高斯在研究非系統性誤差時，發現有很多因素都會影響到一個隨機變數，而且影響都不大，這時就會呈現出常態分佈的形態。這種情況類似於案例 1 中的高爾頓釘板實驗所揭示的內涵。

人類在社會、經濟、政治等各個領域，總是在努力減少各種系統性的誤差。排斥「異數」，視穩定和平均為美，就如同基因和染色體，是人類骨子裡的天性。

常態分佈的深層次內涵被廣泛應用就是因為它符合人類的這種審美天性。常態分佈讓人們能夠使用它去檢驗事物本身的一致性是否遭到破壞。

中心極限定理

🔖【案例】肯家和麥家的博弈

細心的朋友都會發現，肯德基的不遠處一定會有麥當勞。這就是博弈論在起作用。道理非常淺顯直白。在一個社區附近，如果麥當勞開在了這個社區的中心，肯德基肯定覺得它搶佔了他們的潛在客戶，所以他們也一定會開在相鄰近的位置。

假設一個社區有 500 人，肯家速食和麥家速食要競爭這 500 個潛在食客。假設這些居民隨機選擇去肯家吃速食，還是去麥家吃速食是完全隨機的，且每個居民的選擇之間也相互獨立。但是，由於開在社區的兩家速食店地處一線城市的黃金地段，寸土寸金，所以店面很小。特別是在用餐高峰時段，經常會出現客滿的現象。

現在，肯家決定重新裝修店面，增添座位以滿足社區居民用餐的需求。麥家打聽到這個消息後，非常焦急，不想在新一輪的競爭中被淘汰，於是不幾日也摩拳擦掌地開始籌畫起重整店面的事。

兩邊的經理在裝修的過程中遇到一個共同的疑問：兩家速食店至少要設多少個座位才能保證食客因沒有座位而離開的機率小於 5%？

這個問題該如何計算呢？這就需要引入統計學中一條十分重要的核心概念——中心極限定理。

🔖【知識點】中心極限定理

當獨立的隨機變數個數不斷增加時，其和的分佈趨於常態分佈。這就是中心極限定理的大意。中心極限定理中最重要的定理之一是林德貝爾格（Lindeberg）——勒維（Levy）中心極限定理：

設隨機變數序列 $X_1, X_2, \cdots, X_n, \cdots$ 相互獨立，服從同一個分佈，滿足 $E(X_k) = \mu$ 和

$Var(X_k) = \sigma^2 \neq 0$，那麼隨機變數 $Y_n = \dfrac{\sum\limits_{k=1}^{n} x_k - n\mu}{\sqrt{n}\sigma}$ 的分佈函數 $F_n(x)$ 滿足：

$$\lim_{n \to \infty} F_n(x) = \lim_{n \to \infty} P(Y_n \leq x) = \int_{-\infty}^{x} \frac{1}{\sqrt{2\pi}} e^{-\frac{t^2}{2}} dt$$

意思是，當 $n \to \infty$ 時，隨機變數 趨近於標準常態分佈 $N(0,1)$。這個定理的一個常用推論就是，獨立同分佈的 n 個隨機變數 $X_1, X_2, \cdots, X_n$ 的和 $\sum_{k=1}^{n} X_k$ 將近似地服從常態分佈 $N(n\mu, \sigma^2)$。

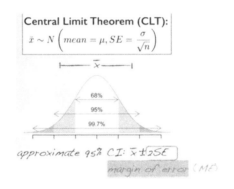

要回答案例中的問題，兩家速食店至少要設多少個座位才能保證食客因沒有座位而離開的機率小於 5%？就需要應用到中心極限定理。

麥當勞和肯德基無論從口味、口碑、裝修環境、價位等來說都沒有顯著性差異，所以只需要考慮一家的情況即可。假設這裡考察的是麥當勞。

設麥當勞總共需要設立　個座位，每個居民是否選擇去麥當勞就餐可以被視作一次「白努利」試驗，定義變數：

$$X_i = \begin{cases} 1 & \text{如果第 } i \text{ 居民去麥當勞} \\ 0 & \text{如果第 } i \text{ 居民不去麥當勞} \end{cases}$$

其中 $i=1,2,\cdots,500$，且 $P(X_i=1)=P(X_i=0)=0.5$，用 X 表示來麥當勞就餐的人數總和，$X = \sum_{i=1}^{n} X_i$，服從二項分佈，即：

$$X \sim B(500, 0.5)$$

因此問題轉化為求機率：

$$P(X \geqslant m) \leqslant 0.05$$

或者

$$P(X < m) \geqslant 0.95$$

對於服從二項分佈的 X，它的期望和變異數為

$$E(X_i) = 1 \times 0.5 + 0 \times 0.5 = 0.5$$

$$
\begin{aligned}
Var(X_i) &= E(X_i^2) - (E(X_i))^2 \\
&= 1 \times 0.5 + 0 - 0.5 \times 0.5 \\
&= 0.25
\end{aligned}
$$

根據中心極限定理，當 $n \to \infty$ 時，$\dfrac{\sum_{k=1}^{n} x_k - n\mu}{\sqrt{n}\sigma}$ 近似服從標準常態分佈，即：

$$\frac{X - 500 \times 0.5}{\sqrt{500 \times 0.25}} \sim N(0, 1)$$

所以，$P(X < m) \geqslant 0.95$ 轉化為：

$$P(X \leqslant m) = \Phi\left(\frac{m - 250}{\sqrt{125}}\right) \geqslant 0.95$$

其中 $\Phi(\bullet)$ 是標準常態分佈的累計機率分佈函數，查標準常態分佈表可知，滿足這個不等式最小的 m 值是 269。

根據中心極限定理，可得到案例最後留下問題的答案：兩家速食店至少要設 269 個座位才能保證食客因沒有座位而離開的機率小於 5%。

當然，這只是個「看上去很美」的理論值。寸土寸金的地段能否允許兩家速食點設置如此多的座位？在增設座位和增加盈利之間是否能取得一個滿意的平衡點？這些都是兩家店需要考慮的問題。不管如何，統計作為一種工具，在指導實踐間中可以為決策者提供一些參考。

5

統計推斷

統計推斷（Statistical Inference）是統計學的重要任務。它通常指透過隨機樣本來對未知總體作出的推斷。這個總體，代表所要研究的問題是確定的。但人們總是可以透過隨機樣本的抽取，對總體的特性作出某種科學的「猜測」。

例如，某市公民的初婚年齡構成一個總體，可被認為是服從常態分佈的。若想知道此總體的均值，隨機抽取該市的部分人，用這群人的初婚年齡的資料來估算該市平均的初婚年齡即可，這就是統計推斷的一種形式──參數估計。如果作進一步的探討「該市的平均初婚年齡是否超過 25 歲」，那麼，就需要透過樣本來檢驗這個命題成立與否，這又是統計推斷的另外一種形式──假設檢驗。

統計推斷是用樣本來估計總體的。說到底，其是具有科學依據的一種合理猜測，只可能做出儘量精確、可靠的結論，卻不可能百分之百的準確。

統計學的推斷力源於機率，而並不是宇宙間互古不變的真理。機率起源於賭博，這就註定了統計學骨子裡面是一種賭博。旁觀者要嘛對賭徒嗤之以鼻，要嘛想當然爾認為賭徒一直在賺錢。生活中的一次次決斷說到底都是一次次的「賭博」。每個決定背後，誰也沒有絕對的把握到底是成功還是失敗，往往也只有一個機率上的概念──是成功的可能性大還是失敗的可能性大？在這個過程中，統計學是如何發揮作用幫大家做出推斷的呢？下面將從理論的層面詳細分析。

點估計：統計學家比間諜還厲害

⚑【案例 1】二戰中的德軍坦克數

德軍的坦克在二戰前期占盡上風。出於戰略目的，盟軍非常想知道德軍坦克的具體數量。有很多盟軍間諜的重要任務就是竊取德軍坦克總量的具體情報。然而，真正可靠的情報並非來自於間諜，而是來自於盟軍的統計學家。

Google 網站中可搜尋到的「坦克」圖片

統計學家究竟做了什麼呢？

德國人非常嚴謹、尊重規則，有時甚至有些墨守成規。他們的坦克也按照出廠的先後順序被依次編號為：$1,2,\cdots,N$。盟軍在戰鬥中繳獲了一些德軍坦克（假設為 n 輛），並辨認出這些編號。統計學家就是要利用繳獲的這些編號（樣本）來估計 N（總體），也就是德軍坦克的總生產數量。統計學家研究了幾套點估計的方案，其中一種是這樣的：用樣本中的最大編號減去 1 再乘以因數 $(1+1/n)$。

首先，德軍生產的坦克總數必定大於或等於繳獲坦克的最大編號。假如他們繳獲 10 輛坦克，其中最大的編號是 100，那麼坦克總數的點估計是 $100 \times (1+1/10) - 1 = 109$。

根據統計學家的公式得出這樣的結論：在 1940 年 6 月到 1942 年 9 月間，德軍每月製造約 246 輛坦克。而盟軍最初透過間諜、解碼和逼供等傳統手段收集的資訊卻高得多，1,400 輛！戰爭結束後，盟軍拿到德軍坦克生產的報表，資料顯示他們每月生產 245 輛坦克。

在這個案例中，盟軍統計學家要估計的總體參數就是德軍總共生產的坦克數目。盟軍無法觀測這個總體，只能夠透過抽取的樣本，也就是繳獲的坦克的標號來完成這種推斷。

【案例 2】首家新鮮咖啡快遞服務企業

「無論烈日炎炎，還是寒風凜冽，連小哥都能將新鮮的咖啡送到您面前。」

這是中國首家專業的新鮮咖啡快遞服務企業對顧客的承諾。這家企業的名字恰恰是由航班管家創始人、國內知名天使投資人王江的外號「連長」來命名的。

王江是清華的校友，也是一位成功的創業者和投資人。在一次偶然的機會，筆者在清華聽了一場關於創業的講座。講座中的眾多嘉賓中，筆者唯獨對王江印象最深刻。不僅因為他身上充滿活力的特質，更因為他把創業當作一件有意思的事情在做。他跟我們分享了「連咖啡」創始的故事。

有一天，連長在某寫字樓附近的星巴克喝咖啡，他意外地發現很多客人都是叫了咖啡外送而不是坐在店裡喝。敏銳的他發現其中的商機：是不是可以專門做一個咖啡外送？為了定量地驗證他的猜想，更好地摸清楚市場規律，他到北京不同地段的 5 家客流量最大的星巴克駐點。他在每家咖啡店一坐就是一天，詳細記錄客人購買咖啡的情況。經過近 1 個月的市調，他發現 1/3 以上的客人會選擇把咖啡外帶。於是，基於這種科學的調查所顯示的結論，他大膽推測咖啡外送有很大的市場，並果斷成立了「連咖啡」這樣一個專門做咖啡快遞的服務企業。

案例中的連長在做咖啡市場的商業市調時，其實不知不覺中應用了統計學點估計的思想。總體參數是這個城市的所有咖啡店外帶咖啡的比例，用隨機抽取的店鋪中相對應的比例來估計，從而得出可以支援其決策的科學依據。

⚑【知識點 1】樣本統計量和總體參數

由案例 1、案例 2 可知無論是二戰中德軍所有的坦克數量，還是北京市咖啡店中外帶咖啡的比例，都是所要研究的總體參數，而這個推斷的過程，用到的是樣本統計量。

樣本統計量（Sample Statistic）是關於樣本的一個已知函數，用於收集樣本中能夠反映總體的資訊。它是從樣本資料中計算出來的，只依賴於樣本。在總體中，與之相對應的量稱為總體參數（Population Parameter），是未知的。幾個總體參數和樣本統計量對應的例子如下。

未知參數	$\prod$ μ σ	百分比 標準差 均值	$\bar{x}$ s p	已知統計量

⚑【知識點 2】點估計

案例 2 中連咖啡的創始人選取 5 個具有代表性的店鋪作為隨機樣本來推測總體，用 5 個店鋪計算出的咖啡外帶的比例的值來估計總體中的這個比例。

點估計（Point Estimation）是由樣本資料 $x = (x_1, x_2, \cdots, x_n)$ 計算出的能夠代表總體的未知參數 θ 或者 θ 的函數 $g(\theta)$。它通常被稱作「參數的點估計」。點估計和 5.2 節將要探討的區間估計共同組成統計推斷中的參數估計。

樣本統計量是樣本資料的函數。函數可以被理解為方程式，透過這個方程式濃縮了樣本中所有資料的資訊。比如，樣本是 100 個學生的成績，樣本統計量是這 100 個學生的成績均值。均值是由 100 個樣本觀測值透過均值公式計算得到的。但是，樣本均值只是一個值而已，它濃縮了樣本的資訊，但所含的訊息量卻不如那 100 個觀測值那樣多、那樣具體。但是，我們又離不開像均值這樣的統計量，因為我們不可能隨時隨地打開一個 Excel 表格去查看那些冗長而雜亂的原始樣本資料。

點估計是參數估計的重要組成部分。點估計的常見方法有矩估計和最大似然估計，而德軍坦克的例子中用的是最小變異數無偏估計。

衡量一個點估計量的好壞有很多標準，其中比較常見的標準有：無偏性、有效性和一致性。

由於抽樣具有隨機性。每次抽取的樣本一般不會相同，由樣本求的點估計的值也不盡相同。那麼，要確定一個點估計的好壞，單憑某一次抽取的樣本是不具有說服力的，必須透過很多次抽取的樣本來衡量。因此，一個自然而然的衡量標準就是，在大量重複的抽樣中，所得到的點估計值平均起來應該和總體參數一樣。更正式一點的說法是，點估計的期望值應該等於總體參數的值。這就是所謂的無偏性（Unbiasedness）。

有效性是指，對同一總體參數，如果有兩個無偏估計量，那麼其中標準差更小的估計量更有效（Effectiveness）。因為一個無偏的估計量並不意味著它就非常接近被估計的參數，它還必須和總體參數的離散程度比較小。回顧一下之前章節提到的射擊靶心的 4 張圖，無偏卻不有效的情況就是，射中的點集中在靶心周圍一個直徑較大的圓內。如果把靶心看作總體參數，這樣的估計量距離靶心太離散了。

一致性是指隨著樣本量的增大，點估計的值越來越接近被估總體的參數。因為隨著樣本量增大，樣本無限接近總體，那麼點估計的值也隨之無限接近總體參數的值。

信賴區間：責善切戒盡言

♪【案例】美國蓋洛普公司的民意調查

美國的蓋洛普（Gallup）公司是享譽全球的民意測驗和商業調查公司，由優秀的社會科學家喬治・蓋洛普博士於 1935 年創立。蓋洛普公司擅長測量和分析選民、消費者和企業員工的意見和行為，以其精準的分析結果在學術界和商界享有良好口碑。

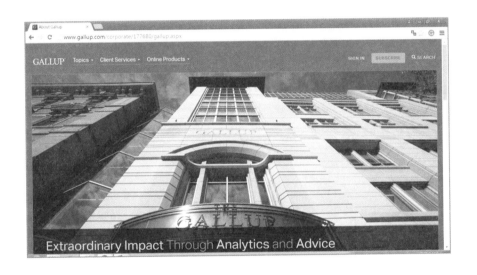

蓋洛普公司曾作過這樣一份調查：人們對美國製造的產品看法如何。被調查者共有 3,500 人，分別來自 3 個國家，美國、德國和日本。結果顯示，在三個國家的調查者中認為美國產品品質好的比例分別是，美國 55%，德國 26%，日本 17%。

這份報告中還特意指出抽樣誤差是 ±3。所有專業的調查報告都必須為所給出的調查結果提供一個「抽樣誤差」。抽樣誤差是抽樣方法本身帶來的誤差。從總體中隨機地抽取樣本時，哪個樣本被抽到是隨機的，這就為結果帶來一定的波動性。

怎麼來理解這個值呢？根據這個抽樣誤差和蓋洛普公司調查的樣本百分比就可以求出一個能夠包含參數真值的區間，也就是統計上著名的「信賴區間」。

【知識點 1】信賴水準

信賴水準（Confidence Level）是指總體參數值落在樣本統計值某一區內的機率，用來衡量人們對某件事合理性和真實性的相信程度。

案例中雖然沒有明確指出，但按照慣例，研究者和讀者一般預設抽樣誤差都是按照 95% 的信賴水準計算的。意思是，在 100 次抽樣結果中，大概有 95 次得到的樣本百分比和總體真實百分比之差小於 3。當然，這個「真實」的總體百分比只有上帝才知道它到底等於多少。

【知識點 2】信賴區間

信賴區間（Confidence Interval）又稱為區間估計，是除點估計之外的參數估計的第二類方法。它代表一個能夠包含總體參數真實值的區間。信賴區間呈現的是總體參數的真實值有一定機率落在點估計的周圍。信賴區間給出的是點估計可信程度，即前面所提到的「一定機率」。而這個機率就是知識點 1 的信賴水準。

總體參數的信賴區間在實踐中可以按照點估計量加減抽樣誤差求得。就像案例中，美國人在調查中有 55% 認為本國的產品好，而在 95% 的信賴水準上的信賴區間是（52%，58%）。

參數估計包括兩類方法：點估計和區間估計。二者缺一不可。有人認為只有點估計就夠了，多半能一目了然！何苦又製造出一個令人難以理解的信賴區間呢？事實上，就如同「處事須留餘地，責善切戒盡言」形容的那樣，信賴區間就是為了給結論留下一些餘地。雖然構造和解讀這種區間要更麻煩，但是信賴區間卻比單純的點估計包含更多的訊息量，代表人們對所下結論的信心有多少。

現實中，我們總是更喜歡窄的信賴區間，因為窄的信賴區間比寬的信賴區間能提供更多有關總體參數的訊息。這很好理解，就像案例中關於美國人認可度的信賴區間如果不是（52%，58%），而是（1%，100%），如此寬泛的區間，等於沒有下任何結論。

既然信賴區間的長短如此重要，那麼它和哪些因素有關呢？它主要受制於樣本量和信賴水準。

在一定的信賴水準下，樣本量越大，信賴區間越窄；在一定的樣本量下，信賴水準越低，信賴區間越窄。

樣本量越大，樣本資料中所包含的訊息量越大，就會反映在更窄的信賴區間上。最常用的信賴水準是 95%，但如果想得到更窄的信賴區間，可以選擇 90% 的信賴水準。但 90% 就沒有 95% 那麼可靠。90% 的信賴區間意味著，在 100 次的抽樣中，大概有 90% 的信賴區間包含總體參數的真實值。注意，這個真實值我們是不知道的。

生活中，有很多人把 95% 的信賴區間錯誤地解釋為「總體參數有 95% 的機率落在這個區間」。這是不對的。為什麼呢？拿【案例】中的美國人來說。假設，我們知道總體參數的真值是 53%，那麼區間（52%，58%）百分百包含真值而不是「以 95% 的機率包含真值」；相反，如果總體參數真值為 51%，區間（52%，58%）絕對不會包含真值而不是「以 95% 的機率包含真值」。

信賴區間就像一張網，一次次地被撒出，來捕捉總體參數這條大魚。每次捕捉的結果不能確定，是隨機的。我們只能寄希望於所求得的區間屬於那些大量的、幸運的、可以捕捉到的真實值中的一個。

兩類錯誤：有罪被判無罪和無罪被判有罪哪個更嚴重？

【案例 1】法律中的人文精神

把一個有罪的人誤判為無罪和把一個無罪的人誤判有罪，哪一個後果更嚴重？

這或許是一個值得辯論的命題。

根據現代民主制度的基石《社會契約論》（法語名：Du Contrat Social，別名《民約論》）的精神，很多法律界的人士認為把一個無辜的人誤判有罪比放掉一個有罪的人後果更嚴重。這是符合常理和人道主義精神的。

尤其是在中國文化中，「犯罪」就會有案底，就如同林沖臉上的刺青，會跟著無辜的人一輩子。雖然社會環境越來越寬容，但人們也很難做到對有過犯罪記錄的人一視同仁。犯過罪的人，為自己的過錯付出代價之後，重新回歸社會的阻力或許遠遠比人們想像的要大得多。更何況，一個冤案，讓一個無辜的人失去自由、接受別人冷嘲熱諷的目光和避之不及的歧視。最可怕的是，他們在被邊緣化的過程中對司法公正喪失了信心，成為社會的不穩定因素。

或許，高高在上的法官，躲在象徵公正的法律天平的光芒背後，為他們的「嚴厲」和「盡忠職守」而暗自竊喜。但現今人們畢竟不再處於一個「寧可錯殺三千絕不放過一個」的白色恐怖的時代。國家寶貴的法律資源是為了盡力維護每一個個體的生命尊嚴。冷冰冰的法律條文背後隱藏著的應當是溫情脈脈的人文關懷。

但這個問題也要辯證地看。在美國，恐怖分子的問題一直像一個揮之不去的夢魘。在美國，處理好保護公民的人權和有效打擊恐怖分子之間存在著一個平衡。當然人們不希望把無辜的人送進監獄，但如果放過了任何一個恐怖分子，可能會為公共安全帶來難以估量的災難，甚至讓更多的人罹難。這種情況下，美國政府更注重控制第二類錯誤，即不放過任何一個可疑的人，往往會在證據並不十分充分的情況下依舊把疑似為恐怖分子的人關進關塔那摩監獄（Guantanamo Bay Detention Camp）。

這裡所提到的把一個無罪的人判為有罪和把一個有罪的人判為無罪，其實是統計學中的兩類錯誤：棄真和存偽。犯這兩類錯誤的機率在統計學中被定義為 α 和 β。

【案例 2】抗擊伊波拉要避免兩類錯誤

伊波拉（Ebola Virus）是一種十分罕見的、能引起人類產生出血熱的急性傳染病病毒。這種病毒有著很快的傳播速度和很高的死亡率，導致死亡的原因主要有：中風、心肌梗塞、低血容量休克或多發性器官衰竭。

2014 年 2 月西非開始爆發大規模病毒疫情，在全球範圍內廣泛傳播，引發人們對死亡的恐慌。截至 2014 年 12 月全球累計出現伊波拉確診、疑似和可能感染病例 17,290 例，其中 6,128 人死亡。

在美國，伊波拉讓美國人民如臨大敵，考驗著他們脆弱的神經。某小學校長在疫情被發現前不久去了一趟尚比亞，很多家長得知後便不讓孩子去學校；還有一位男子打電話報警，因為他無意中聽到坐在自己身邊的人談論到自己去過西非和歐洲。這些都是真實的事例。於是，一些議員開始給歐巴馬施壓，要求他進行邊境限制。不過，歐巴馬並沒有採取以上提議，而是號召群眾用冷靜的心態和科學的方法來渡過這個難關。

議員提出的這種封閉邊境的政策是基於美國作為全球交通樞紐的考慮，大規模的境外人員流動增加了疫情風險。這種政策的本質就是「寧可錯殺三千絕不放過一個」，寧可把一個無罪的人判為有罪也不可把有罪的人判為無罪。

歐巴馬的否定是有科學依據的。議員的提議應用到公共政策的制定是不妥的：隱含著統計學中第一類錯誤的隱患。

統計學中的第一類錯誤（type I error）在醫學中稱為「假陽性」：起初的疾病測試結果很悲觀，但隨著檢查的深入，才確定是虛驚一場。

這種錯誤放在個體身上，或許還有種「劫後餘生」的喜悅。可是，若在一個國家公共政策的制定上犯了這類錯誤，後果將非常嚴重。

與「第一類錯誤」截然相反的是「第二類錯誤」（type II error），醫學上稱為「假陰性」，指的是檢測結果一切正常，而事實上卻已經身染疾病。很多傳染病有潛伏期，在潛伏期是無法檢測出來的。美國政府表示無論檢查措施多麼到位，仍不能將風險降低到零。

【知識點 1】零假設和備擇假設

零假設（ H_0 , Null Hypothesis）是統計檢驗時的一類假設。零假設的內容一般是希望證明其錯誤的假設。零假設的反面是備擇假設（ H_a , Alternative Hypothesis），即不希望看到的另一種可能。

上述兩個案例中提到的第一、第二類錯誤都是在零假設為真的基礎上的機率。零假設和備擇假設在邏輯上是互補的，理論上說，一個為真，另一個就為假。推翻其中一個假設，就必須承認另外一個。

【知識點 2】兩類錯誤

第一類錯誤（type I error）：「棄真」，代表零假設為真，但卻拒絕了零假設。

第二類錯誤（type II error）：「取偽」，代表零假設為假，但接受了零假設。

兩類錯誤的機率分別用 α 和 β 表示如下：

$$\alpha = P(拒絕 H_0 \mid H_0 為真)$$
$$\beta = P(沒有拒絕 H_0 \mid H_0 為假)$$

數學符號「|」的意思是「基於……的假設」。

在案例 1 所描述的法律審判中，假設我們有如下零假設和備擇假設。

H_0 嫌疑人無罪

H_a 嫌疑人有罪

如果真實情況是 H_0 所描述的，即嫌疑人實際上是無辜的，卻拒絕了 H_0 ，即認為他有罪，那麼法官就犯了第一類錯誤。本著保守、穩健、不冤枉無辜的人的原則，我們認為犯第一類錯誤比第二類錯誤的後果更嚴重。所以，需要把第一類錯誤控制在一個很小的範圍內。

而案例 2 則描述了一個犯第二類錯誤後果更嚴重的情況。

不妨假設伊波拉病毒在美國入境人員中的攜帶機率是 0.000,01%（實際上還要低得多），美國擁有全世界最先進的檢測手段——假設他們儀器的準確率高達 99.999 99%，並且絕對不會漏檢任何實際存在的病例（這只是理論假設，儘管事實並非如此樂觀）。美國每月入境人數超過 130 萬。那麼，每月入境的人中真實攜帶伊波拉病毒的人數為 130 萬×0.000,01%＝13（人）。

公共政策的改變牽涉甚廣：檢測的費用、可疑病例留院觀察的費用、關閉邊境帶來的旅遊業和貿易損失等。這些都是政府權衡利弊的重要方面。

在美國歷史上，此類事件有據可循。雷根任總統時期，為阻止愛滋病蔓延，下令關閉邊境並在國內進行大規模的血清檢驗。但事後證明收效甚微，非但沒有顯著阻止愛滋病的傳播，還引發了「歧視」所帶來的政治風波。

歐巴馬大概「以史為鏡」，明白這種政策會為第一類錯誤而付出昂貴的代價。

如何在第一類和第二類錯誤之間權衡？這不僅是一個國家的問題，也是我們每個人日常生活需要面對的問題。在抗擊伊波拉病毒的例子中，美國政府選擇「姑息」第二類錯誤，因為一個大國要避免民眾的過度恐慌。而在打擊恐怖分子的例子中，同樣的政府卻嚴格控制第二類錯誤，原因是為了不給恐怖分子任何威脅公共安全的機會。

究竟哪種錯誤更嚴重？引用一句老話「具體問題，具體分析」。

假設檢驗：「湊巧」可以拒絕嗎？

【案例 1】奶茶情緣

上個世紀 20 年代初的一個午後，三位科學家一邊在英格蘭曬著午後的陽光一邊喝著下午茶。統計學家羅納德・費雪（Ronald Fisher）倒了一杯奶茶端給了他的同事——穆麗爾・布里斯托（Muriel Bristol），但她婉拒了這杯奶茶，因為她說先倒牛奶後倒茶的味道更好。

Fisher 不相信。於是另外一個科學家威廉姆・洛奇（William Roach）建議大家做一個試驗：背著 Bristol 倒一杯奶茶，然後讓她嘗，看看她能不能猜出倒奶和倒茶的順序。但就算她說出正確答案，也不能說明什麼，因為瞎猜也有 50% 的機率猜對。

這是一個浪漫的故事。Bristol 和 Roach 因為這杯奶茶相識、相愛。當然除了這段姻緣，這杯奶茶還成就了 Fisher 的假設檢驗的理論。

Fisher 在其《試驗設計》一書中寫到，他試圖駁斥這樣的假設：Bristol 的選擇是隨機的（瞎猜的）。這就是零假設。

Fisher 設計了一種可以反駁零假設的方法。他準備 8 杯茶，4 杯先倒茶，4 杯先倒奶。打亂順序後讓 Bristol 每次品嘗一杯，然後辨認出每杯茶倒奶的順序。

Bristol 輕鬆過關，分毫不差地辦認出 8 杯茶。因為 Fisher 的試驗設計得非常隨機，8 杯茶分成兩組有 $C_8^4 = 70$ 種可能性。她全部猜中的可能性是 $\frac{1}{70} = 0.014$。

雖然這是一個很小的機率，但依舊無法排除 Bristol 有「猜」出來的可能性。只能說，這種可能性非常小而已。

那究竟可能性為多少才能拒絕「Bristol 的選擇是隨機的」這樣的假設？

Fisher 認為，基於零假設為真的前提，卻依舊觀測到這種結果的機率如果不到 5%，那麼就可以拒絕零假設。Bristol 猜對的機率是 1.4%，小於這個值。所以可以大膽地認為 Bristol 對奶茶有自己獨到犀利的味覺。

一杯奶茶，成就了一段浪漫的情緣，也成就了統計學的重要工具——假設檢驗。

【案例 2】咖啡新鮮嗎？

「咖啡（Coffee）」的名字最早來自衣索比亞的一個名叫卡法（Kaffa）的小鎮，是「力量與熱情」的意思。它與茶葉、可可並稱為世界三大飲料植物，受到全世界人民的普遍喜愛。

在中國，咖啡作為一個和「時尚」緊密相連的飲料受到越來越多的年輕人的喜愛。咖啡的濃香伴隨著清晨的第一縷陽光把耳朵叫醒；緊張的工作時間，一杯咖啡能迅速讓你「滿血復活」；和朋友小聚時，幾杯咖啡、一塊蛋糕，分享著生活和幸福。

人們理應更喜歡新鮮磨制的咖啡（Fresh Coffee），因為它的口感更純正、香濃，喝過之後唇齒留香。但在這個「即溶」的時代，即溶咖啡（Instant Coffee）也因其便攜、快速的優點成為很多人的首選。在中國有報紙聲稱「即溶咖啡和現磨咖啡在市場上各佔據半壁江山」。某品牌現磨咖啡機在進駐中國市場之前為了對中國消費者的喜好有一個更明確的認識，特意做了一個試驗來進行驗證。

有 100 個人參與這項試驗，每個人都需要嘗兩杯沒有任何標記的咖啡，然後告訴工作人員他們更喜歡哪杯。事實上，這兩杯沒有標記的咖啡一杯是即溶的，一杯是新鮮磨製的。

這個試驗的統計量是樣本中更喜歡新鮮咖啡的比例 $\hat{p}$。這個符號上的帽尖（Hat）代表這只是從樣本中算出的估計值，並不是總體中的真實值。結果顯示，100 人中有 72 人選擇了新鮮咖啡，也就是：

$$\hat{p} = \frac{72}{100} = 72\%$$

這個試驗能夠提供多少有力證據來反駁報紙上的觀點呢？要想回答這個問題，就需要用到統計學上的假設檢驗。

【知識點 1】顯著性水準

零假設究竟有多不合理才可以將其推翻？可以推翻零假設的門檻，通常這個門檻是 5%，用希臘字母 α 表示，意思是可以推翻一個成立的機率不足 5% 的零假設。這就是 0.05 的顯著性水準。當然，這個門檻還可以設置為 0.01 和 0.1。0.01 的顯著性水準顯然比 0.1 的水準拒絕起來的難度更大，代表的統計學分量也更重。

這裡必須強調的是，這個顯著性水準是事先給定的，如果等資料出來再決定是用 0.01、0.05 還是 0.1，就容易犯機會主義傾向的錯誤。

案例 1 中 Fisher 給出的顯著性水準是 0.05，基於零假設為真的前提，卻依舊觀測到這種結果的機率如果不到 5%，那麼就可以拒絕零假設，即拒絕 Bristol 是瞎猜猜對倒奶的順序。

【知識點 2】p 值

p 值是零假設為真時得到樣本所觀測到的結果或者更極端結果出現的機率。p 值越小，由樣本資料所提供的拒絕零假設的證據就越強。

案例 1 中透過排列組合和試驗設計的原理，計算出的 p 值是 0.014。案例 2 中的 p 值該如何計算呢？這裡需要用到常態分佈的理論。後面的知識點會詳細解釋如何計算。

究竟 p 值為多少才可以拒絕零假設呢？對於這個問題，千萬不能「刻舟求劍」。並沒有一個一成不變的標準，要看拒絕零假設的成本有多高。如果這個成本很昂貴，就需要很強的證據支持才能夠拒絕。

↳【知識點 3】統計顯著

當由樣本中計算出來的 p 值小於事先設定的顯著性水準 α 時，就可以說樣本資料在 α 的顯著性水準下是統計顯著的。

這裡必須強調的是，這個顯著性水準一定是預先設定的。為什麼呢？比如，得到資料後計算出 p 值是 0.03，再反過來規定顯著性水準是 0.05，就可以理所應當地拒絕零假設。但如果事先規定顯著性水準是 0.01，那麼就不可以拒絕。如果顯著性水準是取得資料後再給定的，就可以根據結果調整得到我們想要的結論，那麼就存在一定投機的可能性。

案例 1 中 Fisher 計算出的 p 值是 0.014，小於預先設定的 0.05 的顯著性水準，說明統計顯著的結論，即根據樣本得出的結論可以拒絕零假設，進而認為 Bristol 真的能夠分辨出先倒奶還是先倒茶在味道上的區別。

↳【知識點 4】統計顯著 vs. 實際顯著

「統計顯著」是很多學術報告和商業報告中都會給出的結論，代表了從統計學的角度對這個事物的觀點。但事實上，存在一個誤區，即認為統計顯著的結果總是在總體中具有重大的實際意義。這是對統計學這門學科迷信的一種表現。

當樣本很大時，許多效應即使差異不大，也會產生統計顯著的效果。得到了統計顯著的結論後，其實，這不是一個終點，恰恰是一個起點，用來引發人們的重視，進而作深入的研究，探尋事物的來龍去脈後再下定論，在實際中就是有沒有顯著效應。

↳【知識點 5】假設檢驗 vs. 信賴區間

假設檢驗是一種科學研究的重要手段，是人們更好地探尋事物規律的方法。從某種程度上來說，假設檢驗不如信賴區間提供的訊息量大。在假設檢驗中，關注的焦點是某個參數的一個值，例如在案例 2 中，所關注的是人們偏愛新鮮咖啡的比例是不是 50%？如果根據假設檢驗的結果，拒絕了這個零假設，之後呢？我們就不清楚它具體的值是多少。

很多統計學者更偏愛信賴區間。因為信賴區間能夠提供一個估計範圍，而他們希望這個區間能夠包含這個總體真實值。

⮌【知識點 6】單側檢驗 vs. 雙側檢驗

案例 2 的樣本中偏愛新鮮咖啡的比例是 $\hat{p} = 72\%$，有兩種方法可以檢驗報紙上的結論：究竟人們總體中偏愛新鮮咖啡的比例是不是 50%？確切地說，有兩種備擇假設。

第一種：

$$H_0 : p = 0.5$$
$$H_a : p \neq 0.5$$

第二種：

$$H_0 : p = 0.5$$
$$H_a : p > 0.5$$

p 是總體中所有喝咖啡的人當中偏好新鮮磨制咖啡的比例。第一種備擇假設是，總體中偏好新鮮咖啡的人不等於 50%，這個比例可能更高也可能更低。第二種備擇假設是，偏愛新鮮咖啡的人的比例高於 50%。選擇第一種備擇假設，就選擇了雙側檢驗；選擇了第二種，就選擇了單側檢驗。

當零假設為真的情況下，$\hat{p}$ 近似服從一個常態分佈，它的均值和標準差是：

$$均值 \ p=0.5$$

$$標準差 = \sqrt{\frac{p(1-p)}{n}}$$
$$= \sqrt{\frac{0.5(1-0.5)}{100}}$$
$$= 0.05$$

不管做哪種選擇，首先要把樣本比例轉化成標準常態的 z 值：

$$z = \frac{0.72 - 0.5}{\sqrt{\dfrac{0.5(1-0.5)}{100}}} = 4.4$$

現在的統計軟體很發達，任何軟體都可以求出 p 值。在第一種備擇假設下，也就是在雙側檢驗的情況下，基於 z 值求出的 p 值是 1.1×10^{-5}。而在單側檢驗下的 p 值為 5.4×10^{-6}。在事先設定的顯著性水準下，這兩種檢驗的原假設都會被拒絕。

根據理論或常識無法對估計係數的影響方向作一個肯定的判斷，即有可能為正也有可能為負，故作雙側檢驗。而單側檢驗則相反，能夠依據常識或理論對估計係數的影響方向作一個明確的斷定，即要嘛為正要嘛為負。案例 2 中如果那個準備進入市場的某品牌現磨咖啡機專案調查人員認為人們理應更喜歡新鮮磨制的咖啡，那麼他們就需要直奔單側檢驗，這樣得到的結論更直接、有效。

理解假設檢驗就需要理解假設檢驗所隱含的如下兩個思維。

1）反證法思維

案例 1 中，假設零假設為真，即 Bristol 完全是在瞎猜的前提條件下，那麼，「她全部猜對 8 杯奶倒茶和倒奶的順序」就是一個非常規的事件，在大多數情況下不會發生，而現在竟然發生了，那麼就可以認為她是真的可以品嘗出先放奶還是先放茶是有區別的。

案例 2 中，如果「人們對咖啡沒有偏好」的零假設為真，則樣本中有 72% 的人偏愛新鮮磨制咖啡就是一個本不應該發生卻發生了的非常規事件，就可以拒絕零假設。

2）小機率思維

上述所提到的非常規事件，並不是邏輯學中的絕對不可能發生的事件，而是指統計學上的小機率事件。小機率事件在一個樣本中往往是不太可能發生的。

案例 1、案例 2 中樣本所觀測到的事件，基於它們各自於零假設為真的前提下，都是小機率事件，所以間接否定了它們的零假設。

p 值：打開潘朵拉魔盒的鑰匙

潘朵拉禁不住好奇心的誘惑，打開魔盒。魔盒裡面裝滿了世間所有的邪惡、虛偽、貪婪、痛苦、謊言、懶惰、猜忌、自私等。於是，人世間充滿苦難。不過，好在潘朵拉慌亂中及時蓋上了魔盒，把最後一樣美好的東西——希望留在盒底。

在統計學至高無上的神壇上，也封存著一個神秘的魔盒，它叫「零假設」。如同潘朵拉魔盒那樣，封存了所有的謊言。有一把鑰匙，可以打開，它叫「*p* 值」。神明定下規則：如果 *p* 值小於顯著性水準，就不能打開這個盒子；相反就可以打開這個盒子，釋放出一種邪惡，然後把它打入寒冰地獄。

這個叫作「*p* 值」的鑰匙也會失靈，於是，世間就有了謊言。

【案例】金榜題名無望、少年得志夢斷

在這個充滿雞湯和成功學的網際網路時代，少年成名的故事是一個極好的「吸引粉絲」題材，為無數在奮鬥路上的年輕人送上溫暖。但是下面要講的是一個潑冷水的故事。

維吉尼亞大學（University of Virginia）有一位少年得志、意氣風發的博士生 Model，他的研究課題非常有趣，是關於政治極端分子的行為，確切地說是政治極端分子在顏色辨認上有異於常人。

他收集了 2,000 個樣本，研究結果顯示，政治極端分子較不能辨認不同色度的灰色。結果令 Model 頗為得意，因為 *p* 值為 0.01，是非常顯著的。「好風憑藉力，送我上青雲。」他想的是，這篇文章若能夠發表在高影響因數的國際期刊上，就可以讓他在學術的道路上扶搖直上。

為了保險起見，他的導師建議 Model 再做一次實驗。但是，在新資料中，*p* 值發生了天翻地覆的大逆轉，高達 0.59！這在任何一個顯著性水準下都是拒絕不了的零假設。

結果當然是悲劇的。Model 的心理學效應站不住腳，他的文章自然也不能發表，甚至連博士論文也要重寫。少年成名的美夢破滅。

成也蕭何，敗也蕭何。Model 的論文出了問題，錯不在資料，說到底是因為 p 值的不穩定性。

或許經濟學家史蒂芬說得對，「p 值沒有起到人們期望的作用，因為它壓根就不可能起到這個作用。」

被人們廣泛使用的、被各個領域學者當作神器的 p 值究竟有沒有用呢？

【知識點 1】p 值的歷史和思想

p 值的祖師爺可不是 Fisher，而是數學家拉普拉斯。1770 年，他在一項關於生育率的研究中，發現生男孩的比率超過女孩。他很難從生物學的角度去解釋，於是發明了一個名為 p 值的指標，來解釋這個現象是否合理。

又過了若干年，p 值以一種正式的形式被一個統計學家公之於世。他就是 Karl Pearson。他的名字或許還不如他的卡方檢驗那樣聲名顯赫。這個 p 值的計算公式就是和卡方檢驗一起發表在當年的《哲學雜誌》上而名垂青史的。

如果那個年代也是網際網路時代，Fisher 一定是 p 值的「首席執行長」。後來，p 值能在「江湖」上盛行那麼多年至今仍然生生不息，Fisher 可謂是「第一推手」。他是這樣闡釋 p 值的思維（他當年主要想檢驗的是一個樣本是否來自一個已知分佈的總體）。

在一個均值為 μ_0 常態分佈的總體中抽樣，得到這個均值的樣本的機率多大？如果這個機率是可以算出來的，那麼就能知道「樣本來自這個總體」這件事是不是可靠。如果機率太小，就被認為是不可靠事件，反過來推理出這個假設是不可靠的。

這裡利用的是「小機率事件原理」，這個機率就是多年後稱霸統計江湖的「p 值」。

細心的朋友會發現，Fisher 自始至終沒有提到過「備擇假設」。顯著性的檢驗是基於零假設得到的機率，但是只能用來否定「零假設是可靠的」這件事，並不能推導出任何關於「零假設發生的機率是多少」的結論。

後來盛行的「備擇假設」其實並非出自 Fisher，而是出自另外一個統計學家 Neyman-Pearson。他的關於假設檢驗的思想源於 Fisher 但不等同於 Fisher。他和 Fisher 關於假設檢驗的觀點主要有如下不同：

（1）　Fisher 的 p 值檢驗思維，沒有引入備擇假設，也從來不能用 p 值來證明某個假設是正確的。值得注意的是，p 值依賴於樣本。當抽取不同的樣本時，得到的 p 值也會變化，結論也會隨之變化。

（2）　Neyman 引入備擇假設，判斷是否拒絕零假設的同時，輔助性地給出兩類錯誤及 power 作為參考資訊。可是 Neyman 至死都不承認「p 值」的存在。

【知識點 2】p 值誤用

或許得益於 Fisher 所發明的這個簡單、易於理解和使用的概念，p 值在幾百年的時間裡一直被統計學家、其他領域的科學家反覆地使用著。它是判斷統計顯著性的標準，被神話成判斷統計真實性的標準，是信心的保證，甚至作為學術論文能否發表的「潛規則」。

但是，也有一些反對的聲音不絕於耳。有人把 p 值比喻成蚊子（驅散不去又時刻圍繞在你身邊）；也有人把它比作國王的新衣（自欺欺人）。還有一種不太友好卻又一針見血的說法，說 p 值是「不育的風流才子手中的工具」「才子強搶了科學佳人，卻讓科學佳人後繼無人」。

p 值存在很多問題，其中一項很嚴重的就是「p 值操縱（p-hacking）」。意思是透過不斷增大樣本量來獲得自己想要的 p 值、得到自己期望的結論。隨著這個時代資料越來越大、越來越雜亂，時下的資料分析越來越傾向於從雜亂無章的現象中發現蛛絲馬跡。這些蛛絲馬跡是什麼？或許沒有人知道。這種情況就更加助長了滋生「p 值操縱」的溫床。學術界坦言，這種現象越來越不可控，比如，許多發表在著名學術期刊的心理學論文中，相當數量的 p 值都很「巧合地」徘徊在 0.05 左右。使得人們忍不住懷疑，這其間究竟有沒有操縱的成分？

其實這不僅需要科學家、統計學家的努力，更需要一場學術文化的徹底變革。從統計學教材、到教學方法、到資料分析方法和如何解釋結果，再到學術論文的發表標準，這些都需要改變。

6

變數之間的關係

「最想你的時候，天空總是下著雨，整個世界等著風吹來的消息」

——小虎隊《最想你的時候》

手機裡常常會靜靜地放著小虎隊昔日那些動聽的旋律，那些動情的歌詞總令人回味。不過，在這裡當然不是要去探討這些優美的旋律和歌詞。在這動人的音符之間，你是否會思考，我想你的時候，天空下著雨。假使事情總是這麼發生，這是巧合嗎，在「想你」和「下雨」這兩個變數間是否存在著什麼聯繫呢？這也就是本章所要說的主題——變數之間的關係。

變數之間的關係是指兩個或多個變數之間的相互影響作用。在哲學中：「整個自然界、人類社會和人的思維都處在聯繫之中，世界是一個普遍聯繫的有機整體。」在生活中，隨處可見那些相互聯繫的事物。例如，小孩子一天天在長高，一天天變得懂事。在這裡，時間與孩子的身高和懂事變數之間就存在著相互作用關係。人們就是生活在這樣一個普遍聯繫的世界之中。

卡方分析：細膩的眼神裡豈容得下半粒沙

【案例 1】仙道遲到事件發生率分析

仙道（對，人物設定的就是灌籃高手裡那個人氣最高的配角）是一個很有天賦的球員，但他沒有時間觀念，在日常的訓練中總是遲到。細心的彥一記錄了他在 2013、2014 年 3-6 月份裡每個月日常訓練的遲到次數。如下表所示。

月　份	3	4	5	6
2013 年遲到次數	21	18	15	5
2014 年遲到次數	21	18	15	11

細心的讀者可能會發現，除 6 月之外不同的月份仙道的遲到次數居然都一樣。不過這都不重要，現在的問題是，這位沒有時間觀念的天才，他在 2013 年 3-6 月的遲到次數是否相同？那麼 2014 年呢，又是怎樣的情況？

可以看到，無論在 2013 年還是 2014 年中，每個月遲到次數對應的數字顯然是不一樣的，那麼每個月的遲到次數自然不同。因此，我們理所當然地就會給出否定的答案。但是，這真的是理所當然，而不是想當然嗎？正確答案是怎樣的呢？

讓我們先冷靜下來。如果沒有統計的思維，相信問題的答案是正確的。無論「21、18、15、5」還是「21、18、15、11」，顯然都是一組完全不同的數位組合。但如果冠以統計學的名義，就將會產生一些化學反應。在統計學領域，仙道的遲到事件可以用一個隨機變數 X 進行表示，討論仙道每個月的遲到次數是否相同也就是研究隨機變數 X 是否服從均勻分佈。問題也將轉換成關於總體分佈的探討。更進一步的，也就是對於總體是否服從某一期望值的均勻分佈的檢驗。

這樣一來，案例中的問題就是對於樣本觀察次數與期望次數之間是否存在差異的假設檢驗問題，這也就是卡方擬合優度檢驗的問題。當然，答案在此尚不慌揭曉，暫且讓我們擦拭眼睛，稍後帶上「卡方分析」的眼鏡，再一探究竟。

【案例 2】性別和文化程度是相互獨立的嗎？

筆者曾在某財經院校就讀。求學期間發現一個有意思的現象——校園裡的女生真是多。多到有時騎單車走過的路上，遇見的全是女生；多到有時打開自習室的門，發現裡面全是女生。當然，每每自習遇到全是女生的情況時，作為一個男生，筆者沒有絲毫的猶豫就走進教室了。當然，那所學校絕不是女子學校，它只是男女比例為 3:7 罷了。但是，筆者每當回憶起自己這些年母校裡男女生數量的狀況：小學、初中的時候，學校裡總是男生要多一些，高中的時候性別比例會平衡一些，到了大學女生就絕對有了數量上的優勢。為何會是這種情況？難道這反映了相對而言女性的文化程度要高一些嗎？這個現實問題筆者無法解答，交給有關機構去研究好了。下面，不妨假設透過調查來獲得如下資料。

文化程度	小學及以下	初　　中	高中/技校	大專/本科及以上	總　　計
男性	71	115	140	130	456
女性	110	141	181	198	630
總計	181	256	321	328	1 086

那麼現在問題來了，性別和文化程度之間真的有聯繫嗎？還是說二者相互獨立？聰明的讀者也許會想著透過分別計算男性和女性各種文化程度所占的比例，透過觀察比例是否一致來進行判斷。但直觀的判斷顯然不夠，即使是資料的巧合出現完全一致的情況，我們也不敢輕易對結果加以肯定。這樣，就需要再次引入嚴謹的統計學理論進行判斷。

不難看出，這個問題是關於變數相關性或獨立性的判斷，可以透過檢驗男性各種文化程度的比例關係與女性文化程度的比例關係是否相同來加以判斷，這也就是卡方獨立性檢驗的問題。

在介紹卡方檢驗之前，首先來認識一個重要的概念：卡方分佈。

【知識點 1】卡方分佈

設 $X_1, X_2, \cdots, X_n$ 相互獨立，且都服從標準常態分佈 $N(0,1)$，則稱統計量

$$\chi^2 = X_1^2 + X_2^2 + \cdots X_n^2$$

服從自由度為 n 的卡方（χ^2）分佈，記為 $\chi^2 \sim \chi^2(n)$。卡方分佈具有如下性質。

（1）　可加性：若 $X_1 = \chi^2(n_1)$，$X_2 = \chi^2(n_2)$，X_1, X_2 相互獨立，則 $X_1 + X_2 \sim \chi^2(n_1 + n_2)$

（2）　期望、變異數：若 $\chi^2 \sim \chi^2(n)$，則 $E(\chi^2) = n$，$D(\chi^2) = 2n$。

（3）　χ^2 分佈圖。

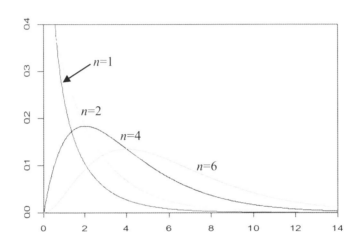

透過對卡方分佈有所瞭解，結合先前假設檢驗的知識，接下來就可以進一步掌握卡方檢驗了。

✒【知識點 2】卡方檢驗

卡方檢驗是對於實際值的分佈數列與理論數列是否在合理範圍內相符合，即樣本觀察次數與期望次數之間是否存在顯著性差異的檢驗方法。卡方檢驗最先由統計學家皮爾遜（Karl Pearson）提出，它對於總體的分佈不作任何假設，是一種非參數檢驗方法。Pearson 推導得出，實際觀察次數（f_0）與理論次數（期望次數，f_e）之差的平方再除以理論次數所得的統計量，近似符合卡方分佈，即：

$$\chi^2 = \sum \frac{(f_0 - f_e)^2}{f_e} \sim \chi^2(n)$$

這便是 Pearson 卡方統計量的基本公式。基於卡方統計量的假設檢驗則稱為卡方檢驗。從公式中不難發現卡方檢驗的精髓──比較實際值與期望值之間的差異。顯然，實際值與期望值相差越大，即樣本觀測值越分散，卡方值就越大，檢驗的結果拒絕原假設的可能性越高；反之，檢驗結果沒有充分理由拒絕原假設的可能性越大。

在實際的運用中，卡方檢驗主要應用於擬合優度核對總和獨立性檢驗。兩者的區別在於卡方擬合優度檢驗是針對總體分佈的假設檢驗問題，透過對總體進行假設，相應地也就預先確定了總體期望值；卡方獨立性檢驗則是對多個因素是否獨立進行判斷，其總體期望值不是預先確定的，而是需要運用樣本資料計算得到。

在上述案例中，案例 1 是典型的卡方擬合優度檢驗問題，即運用卡方檢驗方法驗證仙道 4 個月的遲到次數的資料資料是否服從均勻分佈；案例 2 則是卡方獨立性檢驗問題，即判斷性別因素和文化程度因素是否相關。

回到案例 1，2013 年，仙道 4 個月遲到次數的樣本期望（視作總體期望）為：

$$\frac{21 + 18 + 15 + 5}{4} = 14.75$$

代入公式計算：

$$\chi^2 = \sum \frac{(f_0 - f_e)^2}{f_e} = \frac{(21-14.75)^2}{14.75} + \frac{(18-14.75)^2}{14.75} + \frac{(15-14.75)^2}{14.75} + \frac{(5-14.75)^2}{14.75}$$

$$= 9.814 > \chi_{0.05}^2(3) = 7.815$$

因此，拒絕「仙道在 2013 年 3-6 月的遲到次數相同」的原假設，認為仙道在 2013 年裡 3-6 月裡每月的遲到次數不相同。這當然和我們最開始的判斷是一致的。明明就是一組不同的數位，它們反映的自然是具有差異的情況。但事實果真如此嗎？讓我們繼續往下探究仙道在 2014 年 3-6 月的遲到情況。期望值為：

$$\frac{21+18+15+11}{4}=16.25 \text{,}$$

代入公式計算：

$$\chi^2 = \sum \frac{(f_0-f_e)^2}{f_e} = \frac{(21-14.75)^2}{16.25} + \frac{(18-14.75)^2}{16.25} + \frac{(15-14.75)^2}{16.25} + \frac{(11-14.75)^2}{16.25}$$

$$= 3.369 < \chi^2_{0.05}(3) = 7.815$$

因此，沒有充分理由拒絕「仙道在 2014 年 3-6 月的遲到次數相同」的原假設，從而認為仙道在 2014 年 3-6 月裡每月的遲到次數是相同的。這是不是讓人大跌眼鏡？沒錯，卡方檢驗的偉大就表現在當我們翱翔在統計學的天空時其賦予我們細膩的眼神，從此再也容不下半粒沙。

有了案例 1 的「神奇」，相信讀者對案例 2 中性別和文化程度是否獨立的判斷將會更為謹慎。以案例 2 為例：

男性中，

- 文化程度為小學及以下的理論人數：456×181/1,086=76.0
- 文化程度為初中的理論人數：456×256/1,086=107.5
- 文化程度為高中/技校的理論人數：456×321/1,086=134.8
- 文化程度為大專/本科及以上的理論人數：456×328/1,086=137.7

女性中，

- 文化程度為小學及以下的理論人數：630×181/1,086=105.0
- 文化程度為初中的理論人數：630×256/1,086=148.5
- 文化程度為高中/技校的理論人數：630×321/1,086=186.2
- 文化程度為大專/本科及以上的理論人數：630×328/1,086=190.3

$$\chi^2 = \sum \frac{(f_0 - f_e)^2}{f_e} = \frac{(71-76)^2}{76} + \frac{(115-107.5)^2}{107.5} + \frac{(140-134.8)^2}{134.8} +$$
$$\frac{(130-137.7)^2}{137.7} + \frac{(110-105.5)^2}{105.5} + \frac{(141-148.5)^2}{148.5} +$$
$$\frac{(181-186.2)^2}{186.2} + \frac{(198-190.3)^2}{190.3}$$
$$= 2.566 < \chi^2_{0.05}(3) = 7.815$$

因此，沒有充分理由拒絕「性別和文化程度相互獨立」，從而認為性別因素和文化程度因素的確是相互獨立的。

看來性別和文化程度還是沒有關係的。不過，這當然不是現實的狀況。真實情況如何我們不得而知，但假使有了真實的資料，相信卡方分析也就可以在感覺與錯覺之間給出判斷，讓我們在統計學的世界中去辨明真與假。

相關性分析：早起的鳥兒有蟲吃

【案例 1】早起的鳥兒有蟲吃

「早起的鳥兒有蟲吃」是勸告人們要勤勞。「The early bird catches the worm.」這句英譯也變得耳熟能詳。儘管人們常常在為自己的懶惰行為找藉口，還時不時調侃說「早起的蟲兒被鳥吃」，但不得不承認這句話背後蘊含的科學道理。你知道嗎？職場上的成功人士大多是起得極早的。蘋果公司 CEO 蒂姆・庫克（Tim Cook）在業界以早起出名，蘋果的員工會在凌晨 4:30 就收到他的電子郵件，且每日如此；百事集團 CEO 英德拉・努伊（Indra Nooyi）每天 4:00 起床；迪士尼集團 CEO 伊格爾（Bob Iger）每天 4:30 起床；通用電器 CEO 傑夫・伊梅爾特（Jeff Immelt）、Twitter 創始人傑克・多西（Jack Dorsey）5:30 起床；星巴克 CEO 霍華德・舒爾茨（Howard Schultz）、通用汽車公司 CEO 瑪麗・巴拉（Mary Barra）每天 6:00 到辦公室；微軟總部高層唯一的華人陸奇通常凌晨 3:00 起床，李嘉誠、宗慶後 6:00 起床。

早起讓人們更從容，有時間看書、跑步、吃一頓豐富的早餐；可為一天的工作作更充分的準備；也就自然能提高一天的工作效率。雖然這只是筆者對於「早起」與「有蟲吃」變數相關聯繫的直觀描述，但的確有科學證據，「早起」與「有蟲吃」存在著確切的相關聯繫。所以，還在猶豫什麼。實現夢想的第一步就是醒來，早起吧，兄弟！

【案例 2】化妝品銷售額與廣告費的關係分析

提起《爸爸去哪兒》這檔親子節目，很多人都會津津樂道。而《爸爸去哪兒》第二季的廣告招標會中伊利股份以 3.1199 億元的天價拿下節目的獨家冠名，更是讓人們不禁感歎：人類已經無法阻止土豪了。自 2010 年春晚零點報時「10 秒值半億元」，再到《爸爸去哪兒》第二季 3.1199 億元的天價冠名費，不由得讓人們去思考這樣一個問題——巨大數額的廣告費用投入真的能給企業帶來更多的利潤嗎？這也是對銷售額與廣告費之間相關關係的思考。

根據一項對不同地區 15 家商場有關化妝品銷售額（Y）及其廣告費支出（X）（單位：萬元）的調查，調查資料如下。

	Y	X			Y	X
1	20.00	0.20	5		32.00	0.35
2	25.00	0.30	6		40.00	0.48
3	24.00	0.20	7		28.00	0.30
4	30.00	0.40	8		50.00	0.58
9	40.00	0.43	13		42.00	0.40
10	70.00	0.60	14		65.00	0.58
11	48.00	0.55	15		56.00	0.51
12	39.00	0.42				

為直觀展示，繪製 X-Y 的散點關係圖如下圖所示。

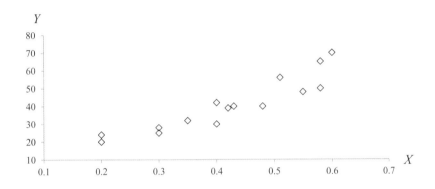

透過觀察 X-Y 的散佈圖，可以清晰地發現，X 與 Y 具有明顯的同增同減關係，即廣告費支出越大的化妝品商確實相對地有更高的銷售額。這也就有了足夠的證據可以說明廣告費用的支出確實可以帶動銷售額的增長。根據伊利股份 2014 年發佈的三季報，繼 2013 年年底冠名《爸爸去哪兒》後，公司前三季度營業收入同比增長 14.13%，歸屬於上市公司股東的淨利潤同比增長 41.44%。廣告在其中的作用可見一斑。明白了企業廣告支出與銷售額之間的相關關係後，相信讀者對於伊利又於 2014 年 10 月份以 5 億元的天價簽下《爸爸去哪兒 3》冠名權，也就更能理解了。

【知識點 1】相關關係

相關關係是指變數之間客觀存在的相互依存關係。

需要與函數關係進行區分的是，相關關係是一種非嚴格確定的依存關係，即當一個或幾個相互聯繫的引數取一定的數值時，與之對應的因變數往往會出現幾個不同的值。當然，相關關係對數值的差異有一定的要求，要求這些數值按某種規律在一定範圍內變化。如案例 2 中第一組和第三組資料中有相同的 X，但 Y 不相同。出現這個現象很容易解釋：Y 的變化不僅僅由 X 決定，還會受到其他因素的影響。相關關係則是對於同一引數取值下對應的不同因變數取值之間的差異處在較小範圍內的限制。

需要說明的是，相關關係按不同的維度可以有不同的分類。按所涉及變數的多少，相關關係可以分為單相關、複相關和偏相關；按相關的密切程度可分為完全相關、不完全相關和不相關；按表現形態不同，可分為線性相關和非線性相關；按相關方向的不同，可以分為正相關和負相關。單相關、複相關和偏相關區分如下：

◎ 單相關，指一個變數對另一個變數的相關關係。

◎ 複相關，指一個變數對兩個或兩個以上其他變數的相關關係。

◎ 偏相關，在某一現象與多種現象相關的場合，當假定其他變數不變時，其中兩個變數的相關關係稱為偏相關。

【知識點 2】相關分析

相關分析是指研究一個變數與另一個變數或另一組變數之間相關關係（相關方向和相關密切程度）的統計分析方法。

從定義中可以發現，相關分析主要是對下相關關係在方向和密切程度的把握，可以視為兩個過程：一方面是對於相關方向的判斷，即正相關還是負相關；另一方面則是對於相關程度的衡量，即是否完全相關、不完全相關或者不相關。需要注意的是，相關程度的衡量往往只是對於不完全相關下的相關程度的度量。

當然，有時候根據實際問題的需要可能會簡化甚至只進行變數間相關方向的判斷，如案例 1 便是對於「早起」和「工作效率高」是否正相關的判斷。

並且，通常我們進行的是線性相關的相關關係分析，就只需要運用接下來的相關係數進行一次測算。

【知識點 3】相關表、相關圖和相關係數

相關係數的計算可以從相關表、相關圖和相關係數三個角度進行。其中，相關表和相關圖即案例 2 中所引用的統計表格和散佈圖。

相關係數是對變數之間線性關係的密切程度進行度量的統計量，通常記為 ρ（ρ 表示相關係數是基於總體資料計算得到的，在運用中依據樣本資料計算的記為 r）。設有兩總體 X、Y，維度均為 n，它們的相關係數計算公式為：

$$\rho = \frac{\sum_{i=1}^{n}(x_i - \overline{x})(y_i - \overline{y})}{\sqrt{\sum_{i=1}^{n}(x_i - \overline{x})^2 \sum_{i=1}^{n}(y_i - \overline{y})^2}} = \frac{Cov(X,Y)}{\sqrt{D(X)}\sqrt{D(Y)}}$$

其中，$Cov(X,Y)$ 為 X 與 Y 之間的協變異數，$D(X)$ 和 $D(Y)$ 即為變異數。

從數學上容易證明相關係數 ρ 的取值範圍為 $[-1,1]$。當 $0 < \rho \le 1$，表示 X 與 Y 之間為正線性相關關係；當 $-1 \le \rho < 0$，二者為負相關關係；$|\rho| = 1$，為完全線性關係；$\rho = 0$，不存在線性相關關係。

回到案例 2，計算得 $D(x) = 0.017\,4$，$D(y) = 223.828\,6$，$Cov(x,y) = 1.690\,7$。

$$r = \frac{Cov(x,y)}{\sqrt{D(x)}\sqrt{D(y)}} = \frac{1.690\,7}{\sqrt{0.017\,4 \times 223.828\,6}} = 0.917\,9$$

需要注意的是，當用樣本資料計算樣本相關係數時，由於樣本量 n 較小，計算出的 r 的絕對值通常會很大（接近 1）。特別是當 $n = 2$ 時，$|r| = 1$ 恆成立。因此，當樣本量 n 較小時，不能僅憑相關係數較大就認為變數間有密切的線性關係。這時就需要對相關係數是否為 0 進行假設檢驗。通常，採用 T 檢驗方法。假設檢驗的原假設為 $H_0 : \rho = 0$。

❧【知識點 4】相關係數 t 統計量

費雪（Fisher）證明，檢驗統計量 $t = |r|\sqrt{\dfrac{n-2}{1-r^2}} \sim t(n-2)$。

代入案例 2 中，$t = |0.917\,9|\sqrt{\dfrac{15-2}{1-0.917\,9^2}} = 8.340\,3 > t_{0.025}(13) = 2.160\,4$。

因此拒絕原假設，認為 X 和 Y 之間的相關係數顯著不為零，也就證明了 X 與 Y 之間真實存在很強的線性相關性。

ANOVA：地域，我們沒有什麼不同

【案例】地域歧視問題

「廣東人看全國人都是窮人，上海人看全國人都是鄉下人，北京人看全國人都是基層。」這是自今年 5 月在北京上演了音樂劇《Q 大道》後網路上廣為流傳的一句話，幽默中卻也再度勾起人們對於地域歧視話題的反思。

在《Q 大道》的劇場外，圍繞地域歧視的話題爭論不休——是不是很多香港人都討厭大陸人？談起河南人很多人第一反應是不是需要提防？東北人是不是都很暴力？

照理說，在資訊化時代背景下，地球尚且僅是一個村莊，萬里路程一日可達。地區間的交流，跨地區間的人與人之間的溝通不斷進行，我們容易看到別處的風景，從而增進彼此的瞭解，地域歧視的現象應不復存在。那麼實際情況是怎樣的呢？這當然不是此處所要討論的內容。不過，借力使力，在此不妨假設進行了一項調查，研究地理位置與歧視之間的關係。調查選擇了 A、B、C、D 四地各 5 人組成樣本，對每個調查物件給出了測量歧視程度的一個標準化檢驗，搜集到下表中的資料，較高的得分表示較高的地域歧視水準。

試 驗 號 碼	地　區			
	A	B	C	D
1	3	8	10	8
2	7	11	7	8
3	7	9	3	5
4	3	7	5	5
5	8	8	11	2
欄和	28	43	36	28
均值	5.6	8.6	7.2	5.6

從表中能看出什麼結論呢？似乎能發現 B 地的均值最高，這可以反映出 B 地存在的地域歧視現象最嚴重嗎？還有，A 地和 D 地均值相同，難道它們之間的地域歧視程度是相同的嗎？

面對案例的問題時，在經歷過 T 檢驗之後，顯然讀者會更加從容。不難發現案例中的問題即檢驗多個總體的均值是否存在顯著差異的問題。回顧先前學習的 T 檢驗法，我們知道 T 檢驗可以用來檢驗兩個總體的均值是否有顯著的差異。但是，當面對多個總體時，採用 T 檢驗法顯然費時費力，甚至無法得出一個很好的結果。也是在這樣的背景下，變異數分析應運而生。

【知識點 1】變異數分析

同時判斷多個常態總體均值是否相等的統計方法，稱為變異數分析法（Analysis of Variance，ANOVA）。其原假設一般為：

$$H_0 : \mu_1 = \mu_2 = \cdots = \mu_s$$

變異數分析的基本思維是將試驗得到的資料的差異分為兩類來源（隨機因素和試驗條件，可有多個試驗條件），基於可加性假設對試驗資料的差異進行分解，分析不同來源的差異對總體的影響是否顯著，只有所有試驗條件對總體的影響均不顯著時，才能認為各總體均值之間不存在顯著的差異。

根據變異數分析的思考方式，案例 1 的問題首先是原假設為 $H_0 : \mu_A = \mu_B = \mu_C = \mu_D$ 的假設檢驗問題，資料的差異可劃分為隨機因素和地區因素，透過分析地區因素對試驗（即受訪者歧視程度）的影響是否顯著，進而可以判斷地區之間的地區歧視程度是否存在差異。

在解決問題之前，讓我們一步一步地來學習變異數分析。

【知識點 2】變異數分析統計模型

假設試驗條件為因素 A，A 有 s 個狀態 $A_1, A_2, \cdots, A_s$，在狀態 $A_j (j = 1, 2, \cdots, s)$ 下進行 $n_j (n_j \geqslant 2, \sum_{j=1}^{s} n_j = n)$ 次獨立試驗，得到資料結構如下表所示。

水　　平	A_1	A_2	$\cdots$	A_s
觀　測　值	x_{11}	x_{12}	$\cdots$	x_{1s}
	x_{21}	x_{22}	$\cdots$	x_{2s}
	$\vdots$	$\vdots$		$\vdots$
	$x_{n_1 1}$	$x_{n_2 2}$	$\cdots$	$x_{n_s s}$
樣本總和	$x_{\cdot 1}$	$x_{\cdot 2}$	$\cdots$	$x_{\cdot s}$
樣本期望	$\bar{x}_{\cdot 1}$	$\bar{x}_{\cdot 2}$	$\cdots$	$\bar{x}_{\cdot s}$
總體期望	μ_1	μ_2	$\cdots$	μ_s

基本假設：

（1）　每個總體都應符合常態分佈。

（2）　各個總體變異數必須相同。

（3）　觀察值是獨立的。

顯然，上述 3 個基本假設是將變異數分析限定在針對常態總體的分析，以及對樣本為來自同一總體的簡單隨機樣本的要求。

（4）　可加性假設：$\bar{x}_{ij} = \mu_j + \varepsilon_{ij}$，$i = 1, 2, \cdots, n_j$；$j = 1, 2, \cdots, s$

其中，ε_{ij} 為符合標準常態分佈的隨機誤差項。由於變異數分析是針對常態總體的檢驗方法，因此，也就容易證明可加性假設的科學性。為了計算各狀態 A_j 對具體觀測值的影響，引入效應指標 δ_j。

$$\delta_j = \mu_j - \mu，j = 1, 2, \cdots, s$$

其中，$\mu = \dfrac{1}{n} \sum_{j=1}^{s} n_j \mu_j$，為總平均值。不難看出，$\delta_j$ 反映的是狀態 A_j 對樣本 X_{ij} 的影響，且有 $\sum_{j=1}^{s} \delta_j = 0$。至此，可建立單因素試驗的統計模型為：

$$\begin{cases} \overline{x}_{ij} = \mu + \delta_j + \varepsilon_{ij}, \quad i=1,2,\cdots,n_j; \quad j=1,2,\cdots,s \\ \sum_{j=1}^{s} \delta_j = 0 \\ \varepsilon_{ij} \sim N(0,\sigma^2), \quad \text{各}\,\varepsilon_{ij}\,\text{獨立} \end{cases}$$

基於此，變異數分析的原假設可轉換為 $H_0 : \delta_1 = \delta_2 = \cdots = \delta_s = 0$。這樣就將變異數分析由對同均值的檢驗轉化為對試驗條件是否有顯著影響的檢驗。

【知識點 3】離差平方和及其分解

總離差平方和：$\mathrm{SST} = \sum_{j=1}^{s} \sum_{i=1}^{n_j} (x_{ij} - \overline{x})^2$

其中，$\overline{x} = \dfrac{1}{n} \sum_{j=1}^{s} \sum_{i=1}^{n_j} x_{ij}$，為樣本總平均。總離差平方和 SST 反映所有樣本之間總變異的程度。

組內離差平方和：$\mathrm{SSE} = \sum_{j=1}^{s} \sum_{i=1}^{n_j} (x_{ij} - \overline{x}._j)^2$

組間離差平方和：$\mathrm{SSA} = \sum_{j=1}^{s} \sum_{i=1}^{n_j} (\overline{x}._j - \overline{x})^2 = \sum_{j=1}^{s} n_j \overline{x}._j^2 - n\overline{x}^2$

組內離差平方和SSE 反映各狀態樣本觀測值與樣本均值的差異，即表示隨機誤差項，通常也稱作誤差平方和；組間離差平方和SSA 反映各狀態下的樣本期望與樣本總平均的差異，這是由各狀態的效應和隨機誤差引起的，通常也稱作效應平方和。

透過數學計算，可對總平方和進行分解：

$$\text{SST} = \sum_{j=1}^{s} \sum_{i=1}^{n_j} [(x_{ij} - \overline{x}._j) + (\overline{x}._j - \overline{x})]^2$$

$$= \sum_{j=1}^{s} \sum_{i=1}^{n_j} (x_{ij} - \overline{x}._j)^2 + \sum_{j=1}^{s} \sum_{i=1}^{n_j} (\overline{x}._j - \overline{x})^2 + 2\sum_{j=1}^{s} \sum_{i=1}^{n_j} (x_{ij} - \overline{x}._j)(\overline{x}._j - \overline{x})$$

$$= \text{SSE} + \text{SSA} + 2\sum_{j=1}^{s} (\overline{x}._j - \overline{x})[\sum_{i=1}^{n_j} (x_{ij} - \overline{x}._j)]$$

由於 $\overline{x}._j = \dfrac{1}{n_j} \sum_{i=1}^{n_j} x_{ij}$ ， $\sum_{i=1}^{n_j} (x_{ij} - \overline{x}._j) = 0$ ，故可求得最終的離差平方和分解式：

$$\text{SST} = \text{SSE} + \text{SSA}$$

在此進一步對三個統計量的自由度進行說明：

◎　對於 SST，由於受 $\sum_{j=1}^{s} \sum_{i=1}^{n_j} (x_{ij} - \overline{x}) = 0$ 的限制，因此其自由度為 $ns - 1$ 。

◎　對於 SSE，限制條件為 $\sum_{i=1}^{n_j} (x_{ij} - \overline{x}._j) = 0$（ $j = 1, 2, \cdots, s$），因此其自由度為 $ns - s$ 。

◎　對於 SSA，限制條件為 $\sum_{j=1}^{s} (\overline{x}._j - \overline{x}) = 0$ ，因此其自由度為 $n - s$ 。

從離差平方和的定義中可以發現，各離差平方和的大小與觀測值的多少有關，為消除其對離差平方和大小的影響，需要將其平均，也就產生了均方的概念。

【知識點 4】均方

離差平方和與其自由度的比值，稱為該離差平方和的均方，記為 MS。

組內均方： $\text{MSE} = \text{SSE} / (n - s)$ 。

組間均方： $\text{MSA} = \text{SSA} / (s - 1)$ 。

不難看出，均方具有變異數的性質，因此 MSE、MSA 也通常分別稱為組內變異數、組間變異數。

【知識點 5】AMOVA F 統計量

$$F = \frac{\text{SSA} / (s-1)}{\text{SSE} / (n-s)} = \frac{\text{MSA}}{\text{MSE}} \sim F(s-1, n-s)$$

證明：當原假設 H_0 成立時，由定理 $\dfrac{(n-1)s^2}{\sigma^2} = \dfrac{\displaystyle\sum_{i=1}^{n}(x_i - \overline{x})^2}{\sigma^2} \sim \chi^2(n-1)$，有：

$$\frac{\text{SST}}{\sigma^2} = \frac{\displaystyle\sum_{j=1}^{s}\sum_{i=1}^{n_j}(x_{ij} - \overline{x})^2}{\sigma^2} = \frac{(n-1)s^2}{\sigma^2} \sim \chi^2(n-1) \quad,$$

且 $\dfrac{\displaystyle\sum_{i=1}^{n_j}(x_{ij} - \overline{x}.j)^2}{\sigma^2} = \dfrac{(n_j-1)s_j^2}{\sigma^2} \sim \chi^2(n_j-1)$ ；

又 $\text{SSE} = \displaystyle\sum_{i=1}^{n_1}(x_{i1} - \overline{x}._1)^2 + \sum_{i=1}^{n_2}(x_{i2} - \overline{x}._2)^2 + \cdots \sum_{i=1}^{n_s}(x_{is} - \overline{x}._s)^2$，由 χ^2 分佈可加性知：

$$\frac{\text{SSE}}{\sigma^2} \sim \chi^2(n-s) \quad ;$$

由於 $\dfrac{\text{SST}}{\sigma^2} = \dfrac{\text{SSE}}{\sigma^2} + \dfrac{\text{SSA}}{\sigma^2}$，且 $n-1 = (n-s) + (s-1)$，據 Cochran 分解定理有：

$$\frac{\text{SSA}}{\sigma^2} \sim \chi^2(s-1)，且 \frac{\text{SSE}}{\sigma^2} 與 \frac{\text{SSA}}{\sigma^2} 相互獨立 ；$$

故由 F 分佈定義知： $\dfrac{\text{SSA}}{(s-1)\sigma^2} \bigg/ \dfrac{\text{SSE}}{(n-s)\sigma^2} = \dfrac{\text{MSA}}{\text{MSE}} \sim F(s-1, n-s)$，得證。

【知識點 6】變異數分析表

為簡化變異數分析的過程通常將分析結果排成一個表格，這個用於反映變異數分析過程的表格稱為變異數分析表。其基本形式如下表所示。

變異數來源	平 方 和	自 由 度	均　方	F 值
因素 A	SSA	$s-1$	$MSA = SSA / (s-1)$	$F_A = \dfrac{MSA}{MSE}$
誤差	SSE	$n-s$	$MSE = SSE / (n-s)$	—
總和	SST	$n-1$	—	—

若 $F_A > F_\alpha(s-1, n-s)$，則在顯著性水準 α 下拒絕原假設，認為各總體均值存在顯著差異；反之，沒有充分理由拒絕原假設，認為各總體均值沒有顯著的差異。

至此，就有了一套系統的變異數分析理論。現在，就可以解決案例 1 的問題了。案例的變異數分析表如下所示。

變異數來源	平 方 和	自 由 度	均　方	F 值
因素 A	31.350 0	3	10.450 0	1.632 8
誤差	102.400 0	16	6.400 0	
總和	133.750 0	19		

由於 $F_{0.05}(3,16) = 3.24 > 1.632\,8$，因此沒有充分的理由拒絕原假設，從而可認為四個地區的歧視水準是相同的。

透過上述系統的介紹，相信讀者對變異數分析有了一個初步的瞭解。當然，從一開始筆者在介紹變異數分析的時候就曾提到同一試驗中可存在多個試驗條件，根據試驗所安排的影響因素的多少，變異數分析可以分為單因素、雙因素和多因素試驗的變異數分析。上述無論是案例 1 還是變異數分析理論，都只是在闡釋針對一個影響因素資料的單因素變異數分析方法。有了單因素變異數分析理論的沉澱，接下來再來揭開雙因素變異數分析的面紗。

需要說明的是，變異數分析對基本假設的要求都是同樣的常態總體和簡單隨機樣本的限定。根據雙因素試驗是否重複，雙因素變異數分析又有所區別。雙因素無重複試驗面臨的資料結構如下表所示。

因素 A	因素 B				合計 $x_i.$	平均 $\overline{x}_i.$
	B_1	B_2	$\cdots$	B_s		
A_1	x_{11}	x_{12}	$\cdots$	x_{1s}	$x_1.$	$\overline{x}_1.$
A_2	x_{21}	x_{22}	$\cdots$	x_{2s}	$x_2.$	$\overline{x}_2.$
$\vdots$	$\vdots$	$\vdots$	$\vdots$	$\vdots$	$\vdots$	$\vdots$
A_r	x_{r1}	x_{r2}	$\cdots$	x_{rs}	$x_r.$	$\overline{x}_r.$
合計 $x._j$	$x._1$	$x._2$	$\cdots$	$x._s$	$x..$	—
平均 $\overline{x}._j$	$\overline{x}._1$	$\overline{x}._2$	$\cdots$	$\overline{x}._s$	—	$\overline{x}..$

由於變異數分析對序列的可加性假定，因此，可建立統計模型為：

$$\begin{cases} x_{ij} = \mu + \alpha_i + \beta_j + \varepsilon_{ij}, \ \ i = 1, 2, \cdots, r \ ; \ \ j = 1, 2, \cdots, s \\ \sum_{i=1}^{r} \alpha_i = 0, \ \sum_{j=1}^{s} \beta_j = 0 \\ \varepsilon_{ij} \sim N(0, \sigma^2), \ 各 \varepsilon_{ij} \ 獨立 \end{cases}$$

其中，$\alpha_i = \mu_i. - \mu$，$\beta_j = \mu._j - \mu$。$\mu_i.$，$\mu._j$ 為分別對應於樣本行、列均值的總體統計量。稱 α_i、β_j 分別為因素 A、B 的效應。所要進行的假設檢驗為：

$$H_{01} : \alpha_1 = \alpha_2 = \cdots = \alpha_r = 0$$
$$H_{02} : \beta_1 = \beta_2 = \cdots = \beta_s = 0$$

對離差平方和進行分解：

$$\begin{aligned} SST &= \sum_{i=1}^{r} \sum_{j=1}^{s} (x_{ij} - \overline{x}..)^2 \\ &= \sum_{i=1}^{r} \sum_{j=1}^{s} [(x_i. - \overline{x}..) + (\overline{x}._j - \overline{x}..) + (x_{ij} - \overline{x}_i. - \overline{x}._j + \overline{x}..)]^2 \\ &= s \sum_{i=1}^{r} (x_i. - \overline{x}..)^2 + r \sum_{j=1}^{s} (\overline{x}._j - \overline{x}..)^2 + \sum_{i=1}^{r} \sum_{j=1}^{s} (x_{ij} - \overline{x}_i. - \overline{x}._j + \overline{x}..)^2 \end{aligned}$$

如單因素試驗的變異數分析，不難證明，各交叉項值為 0。因此得到平方和分解式：

$$SST = SSA + SSB + SSE$$

同樣的，容易得到各平方和的自由度，並構造得到 F 統計量，最終列出變異數分析表如下所示。

變異數來源	平 方 和	自 由 度	均 方	F 值
因素 A	SSA	$r-1$	$MSA = SSA / (r-1)$	$F_A = \dfrac{MSA}{MSE}$
因素 B	SSB	$s-1$	$MSB = SSB / (s-1)$	$F_B = \dfrac{MSB}{MSE}$
誤差	SSE	$(r-1)(s-1)$	$MSE = SSE / (n-s)$	—
總和	SST	$rs-1$	—	—

若 $F_A > F_\alpha[r-1,(r-1)(s-1)]$，則在顯著性水準 α 下拒絕原假設 H_{01}，認為因素 A 影響顯著，否則認為因素 A 影響不顯著；若 $F_B > F_\alpha[s-1,(r-1)(s-1)]$，則在顯著性水準 α 下拒絕原假設 H_{02}，認為因素 B 影響顯著，否則認為因素 B 影響不顯著。

接下來討論雙因素有重複試驗的變異數分析，其資料結構如下表所示。

		因素 B			
		B_1	B_2	$\cdots$	B_s
因素 A	A_1	$x_{111},\cdots,x_{11t}$	$x_{121},\cdots,x_{12t}$	$\cdots$	$x_{1s1},\cdots,x_{1st}$
	A_2	$x_{211},\cdots,x_{21t}$	$x_{1s1},\cdots,x_{1st}$	$\cdots$	$x_{2s1},\cdots,x_{2st}$
	$\vdots$	$\vdots$	$\vdots$	$\vdots$	$\vdots$
	A_r	$x_{r11},\cdots,x_{r1t}$	$x_{r21},\cdots,x_{r2t}$	$\cdots$	$x_{rs1},\cdots,x_{rst}$

不難看出，與無重複試驗資料對比，其中的差異僅在於重複試驗過程進一步討論了因素與因素間的交互作用。也就是說考慮了由於因素 A 受到因素 B 的影響或反向、或雙向的作用導致的對試驗結果產生的協力廠商的影響。這在下面建立的統計模型中也可得到反應。

$$\begin{cases} x_{ijk} = \mu + \alpha_i + \beta_j + \gamma_{ij} + \varepsilon_{ijk}, \ i=1,2,\cdots,r ; \ j=1,2,\cdots,s \\ \displaystyle\sum_{i=1}^{r}\alpha_i = 0, \ \sum_{j=1}^{s}\beta_j = 0, \ \sum_{i=1}^{r}\sum_{j=1}^{s}\gamma_{ij} = 0 \\ \varepsilon_{ijk} \sim N(0,\sigma^2), \ 各 \varepsilon_{ij} 獨立 \end{cases}$$

其中，$\gamma_{ij} = \mu_{ij} - \mu_{i\cdot} - \mu_{\cdot j} + \mu$，為 $A_i B_j$ 搭配形成的交互作用 $A \times B$ 的交互效應。針對模型的假設檢驗問題為：

$$H_{01} : \alpha_1 = \alpha_2 = \cdots = \alpha_r = 0$$
$$H_{02} : \beta_1 = \beta_2 = \cdots = \beta_s = 0$$
$$H_{03} : \gamma_{11} = \gamma_{12} = \cdots = \gamma_{rs} = 0$$

類似的，離差平方和可分解為

$$SST = SSA + SSB + SS_{A \times B} + SSE$$

與上述討論同樣，可列出變異數分析表如下表所示。

變異數來源	平 方 和	自 由 度	均　　方	F 值
因素 A	SSA	$r-1$	$MSA = SSA / (r-1)$	$F_A = \dfrac{MSA}{MSE}$
因素 B	SSB	$s-1$	$MSB = SSB / (s-1)$	$F_B = \dfrac{MSB}{MSE}$
交互作用 A×B	$SS_{A \times B}$	$(r-1)(s-1)$	$MS_{A \times B} = SS_{A \times B} / (r-1)(s-1)$	$F_B = \dfrac{MS_{A \times B}}{MSE}$
誤差	SSE	$rs(k-1)$	$MSE = SSE / [rs(k-1)]$	——
總和	SST	$rsk-1$	——	——

最後，還需要注意一個問題。為什麼一開始引出變異數分析是為了進行多個常態總體均值的差異性檢驗，而在後面卻不斷地分析各個因素的影響是否顯著？其實這並不矛盾，變異數分析透過檢驗各影響因素的作用是否顯著，再據此對總體之間的差異性進行判斷。顯然，只有當各影響因素的作用均不顯著時，才能認為各總體均值之間不存在顯著的差異。

迴歸分析：對不起，其實我也想長高

【案例 1】子女身高遺傳學的發現

1855 年，著名遺傳學家高爾頓（Sir Francis Galton）發表了一篇名為《遺傳的身高向平均數方向的迴歸》的文章，他分析子女身高與父母身高之間的關係，發現個子高的父母其子女的個子也高，而個子矮的父母其子女個子也矮。他試圖將兒子與父母身高擬合出一種線形關係。但他同時注意到，儘管兒子與父母身高可以擬合出一個較好的線形關係，但存在一個現象：平均來說子女的身高不比他們的雙親高，也不比雙親矮。高爾頓把這一現象叫作「向平均數方向的迴歸」（Regression Toward Mediocrity）。這也就是統計學上「迴歸」一詞最早的出現。雖然高爾頓的發現只是一種特殊情況，與線形關係擬合的一般規則無關，但「線形迴歸」的術語仍因此沿用下來，作為根據一種變數（父母身高）預測另一種變數（子女身高）的一般名稱沿用至今。

【案例 2】身高地區差異分析

在人們腦海中常常會有一個關於東北人的概念——「東北大漢」，似乎來自北方的朋友都要長得比較高大。而實際情況好像也是如此。筆者本科班上就有幾個來自北方的男生，他們的身高雖不是數一數二，但確實相對大多數同學來說要長得高大一些。人們在看新聞的時候也會發現，北方強大的俄羅斯民族，他們的成年男性也的確普遍是人高馬大的。我們不禁思考，難道北方人的身高真的更為高大嗎？

為此，筆者收集了中國 20 個城市的成年男子的平均身高資料（資料來源：美聯社《2005年上半年東亞統計年鑑》），以及省會城市的緯度座標，整理如下表所示（單位：公分）。

	平均身高（Y）	緯度（X）			平均身高（Y）	緯度（X）
1	174.17	39.9		11	171.17	31.23
2	174.15	41.8		12	171.03	32.07
3	174.13	45.8		13	171.01	34.75
4	173.61	36.67		14	169.24	31.83
5	173.03	38.47		15	169	30.28
6	172.50	40.83		16	168.9	26.08
7	172.48	38.05		17	168.34	28.68
8	172.22	36.07		18	167.55	20.03
9	171.91	39.13		19	167.48	22.82
10	171.64	37.87		20	168.83	23.13

同樣，為直觀展示，繪製 X&Y 的散點關係圖如下圖所示。

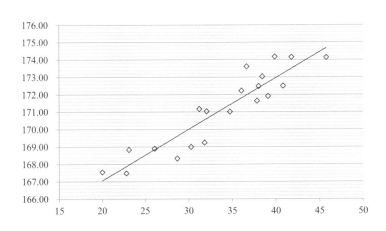

從圖中可以發現，X 與 Y 具有明顯的正相關關係，隨著 X 的增大，Y 也在不斷地增加。即身高和地區緯度之間存在著迴歸關係，隨著地區緯度的增長，地區成年男子的身高不斷上升。關於南北方身高存在著差異顯然是已經被證實了的結論，當然不能只浮在面上進行分析，為了深入定量度量這一關係，就要引入本節的重點——迴歸分析。

【知識點 1】迴歸分析

迴歸分析是指根據相關關係的具體形態，選擇一個合適的數學模型來近似地表達變數間平均變化關係的統計分析方法。

迴歸分析根據引數的數量有一元迴歸和多元迴歸之分。其中，一元迴歸指只涉及一個引數的迴歸（如案例 2 中引數僅有一個 X）；多元迴歸指涉及兩個及以上引數的迴歸。迴歸分析根據變數（或參數）的形式又可分為線性迴歸和非線性迴歸。其中，線性迴歸是指因變數的條件期望是引數（或參數）的線性函數。

回到案例 2，可以建立身高和地區緯度之間的一元線性迴歸模型為：

$$Y_i = \beta_1 + \beta_2 X_i + u_i$$

𝄇【知識點 2】隨機誤差項

隨機誤差項是代表所有對因變數有影響但未能包括在迴歸模型中的那些變數的替代變數。在案例 2 中建立的一元線性迴歸模型，其目的在於度量地區緯度（X）對於身高（Y）的影響，其他因素對 Y 的影響則都以隨機誤差項 u 替代。通常，需要假定隨機誤差項具有如下性質：

$$\begin{cases} E(u_i) = 0 \\ \mathrm{Var}(u_i) = \sigma^2 \end{cases}$$

於是，一元線性迴歸模型有：$E(Y_i|X_i) = \hat{\beta}_1 + \hat{\beta}_2 X_i$。其中，$Y$ 的條件期望 $E(Y|X_i)$ 是 X_i 的線性函數（根據變數為線性可認定為線性迴歸）；Y 的條件期望 $E(Y|X_i)$ 是關鍵參數 β_2 的線性函數（根據參數為線性可認定為線性迴歸）；

建立了模型以後，我們自然會想到要去求得未知參數。運用樣本資料進行參數估計可以得到 $\hat{\beta}_1$、$\hat{\beta}_2$，從而建立模型：$Y_i = \beta_1 + \beta_2 X_i + e_i$

其中，$\hat{Y}_i = \hat{\beta}_1 + \hat{\beta}_2 X_i$，$e_i$ 為殘差項，是對於隨機誤差項 u_i 的估計量。在參數估計時，為了得到優良的估計量，通常使用最小平方方法進行估計。

✦【知識點 3】最小平方法

最小平方法（Method of Ordinary Least Squares，OLS）是由偉大的數學家高斯最早提出和使用的，其原理在於使殘差平方和最小。即透過求解，使殘差平方和（Sum of Squares for Error，SSE）盡可能小。殘差平方和如下。

$$\sum e_i^2 = \sum (Y_i - \hat{Y}_i)^2 = \sum (Y_i - \hat{\beta}_1 - \hat{\beta}_2 X_i)^2$$

由微積分知識可知，$\sum e_i^2$ 對 $\hat{\beta}_1$ 和 $\hat{\beta}_2$ 的偏導數為 0 時，將使 $\sum e_i^2$ 最小。即：

$$\begin{cases} \dfrac{\partial \sum e_i^2}{\partial \hat{\beta}_1} = -2\sum (Y_i - \hat{\beta}_1 - \hat{\beta}_2 X_i) = 0 \\ \dfrac{\partial \sum e_i^2}{\partial \hat{\beta}_2} = -2\sum (Y_i - \hat{\beta}_1 - \hat{\beta}_2 X_i) X_i = 0 \end{cases}$$

經整理，得正規方程組：

$$\begin{cases} \sum Y_i = n\hat{\beta}_1 + \hat{\beta}_2 \sum X_i \\ \sum X_i Y_i = \hat{\beta}_1 \sum X_i + \hat{\beta}_2 \sum X_i^2 \end{cases}$$

求解正規方程組，可得：

$$\begin{cases} \hat{\beta}_2 = \dfrac{\sum (X_i - \overline{X}) \sum (Y_i - \overline{Y})}{\sum (X_i - \overline{X})^2} = \dfrac{S_{XY}}{S_{XX}} \\ \hat{\beta}_1 = \overline{Y} - \hat{\beta}_2 \overline{X} \end{cases}$$

其中，統計量 $S_{XX} = \sum (X_i - \overline{X})^2$，$S_{XY} = \sum (X_i - \overline{X}) \sum (Y_i - \overline{Y})$，僅是為了公式的簡化。

運用最小平方法，根據案例 2 的資料可以建立身高和地區緯度間的線性迴歸模型為：

$$\hat{Y}_i = 161.114 + 0.296 X_i$$

根據迴歸方程式，可知迴歸係數 0.296 表示在其他因素保持不變的情況下，地區緯度每增加 1 個單位，地區成年男子的身高將增加 0.296 公分。這樣就量化了地區緯度對身高的影響。

當然，建立了迴歸方程式，迴歸分析並沒有結束。

在 6.2 節中，我們知道，當樣本量 n 較小時，不能僅憑相關係數較大就認為變數間有密切的線性關係，在迴歸分析中也是如此。因此，同樣的，需要採用 T 檢驗、F 檢驗對係數的顯著性進行判斷。同時，關於模型對序列的擬合效果通常需要進行擬合優度的度量。

【知識點 4】迴歸分析 T 檢驗

原假設為：$H_0 : \beta_2 = 0$

構造檢驗統計量：$t = \dfrac{\hat{\beta}_2 - \beta_2}{\hat{\sigma}} \sqrt{S_{XX}} \sim t(n-2)$（證明過程如下）。

拒絕域：當 $|t| > t_{\alpha/2}(n-2)$，拒絕原假設，認為 β_2 顯著不為零，從而 X 對 Y 的線性關係影響顯著。

t 統計量的證明如下。

1）　$\hat{\beta}_2 \sim N(\beta_2, \dfrac{\sigma^2}{S_{XX}})$

由最小二乘估計量的性質容易計算得到：

$$E\left(\hat{\beta}_2\right) = \beta_2 , \quad \mathrm{Var}\left(\hat{\beta}_2\right) = \frac{\sigma^2}{S_{XX}}$$

由於對隨機誤差項作了常態分佈的假定，因此容易知道總體 Y 服從常態分佈，從而其估計值 $\hat{y}$ 也服從常態分佈。於是不難證明 $\hat{\beta}_2$ 服從常態分佈。

從而，有 $\hat{\beta}_2 \sim N(\beta_2, \dfrac{\sigma^2}{S_{XX}})$，得證。

2） $\dfrac{(n-2)\hat{\sigma}^2}{\sigma^2} \sim \chi^2(n-2)$

根據 χ^2 分佈的定理有：$\dfrac{\text{SSE}}{\sigma^2} \sim \chi^2(n-2)$

由於總體變異數的無偏估計量為 $\hat{\sigma}^2 = \dfrac{\text{SSE}}{n-2}$

故 $\dfrac{(n-2)\hat{\sigma}^2}{\sigma^2} \sim \chi^2(n-2)$，得證。

於是由 t 統計量的定義：

$$t = \frac{\hat{\beta}_2 - \beta_2}{\sqrt{\sigma^2 / S_{XX}}} \bigg/ \sqrt{\frac{(n-2)\hat{\sigma}^2}{\sigma^2}\bigg/(n-2)} = \frac{\hat{\beta}_2 - \beta_2}{\hat{\sigma}}\sqrt{S_{XX}} \sim t(n-2)，得證。$$

【知識點 5】迴歸分析 F 檢驗

迴歸分析的 F 檢驗旨在對除常係數外其他所有係數是否顯著為零進行判斷。

在一元迴歸分析中，由於只涉及一個解釋變數，因此，F 檢驗的結果與 T 檢驗的目的及結果都是一致的。因此，一元迴歸分析中通常可以忽略進行 F 檢驗，這也是合理的。

但是在多元迴歸分析中，由於涉及多個解釋變數，運用 T 檢驗若所有變數均出現一致透過檢驗或不透過檢驗，這樣就使再進行 F 檢驗的意義大打折扣。但是，實際情況是，很多時候只需要建立一個整體顯著有效的模型，而對模型中具體的某一影響變數不作過多的分析；或者試圖將多個變數放入模型中，透過建立顯著的模型後，再對各變數的顯著性進行檢驗進而判斷變數對被解釋變數的影響。因此在進行多元迴歸分析時，需要進行模型的整體有效性檢驗，即對除常係數外的所有關鍵變數係數是否為 0 的假設檢驗。說到這裡，相信看了前文變異數分析後讀者一定會覺得熟悉。沒錯，這裡也需進行變異數檢驗。首先進行平方和的分解。

總平方和（Sum of Squares for Total，SST）：$\text{SST} = \sum\left(Y_i - \bar{Y}\right)^2$

迴歸平方和（Sum of Squares for Regression，SSR）：$\text{SSR} = \sum \left(\hat{Y}_i - \overline{Y} \right)^2$

容易證明：$\text{SST} = \text{SSR} + \text{SSE}$

於是，變異數分析表如下表所示。

變異數來源	平 方 和	自 由 度	均　　　方	F 值
迴歸	SSR	1	$\text{MSR} = \text{SSR} / 1$	$F = \dfrac{\text{MSR}}{\text{MSE}}$
殘差	SSE	$n-2$	$\text{MSE} = \text{SSE} / (n-2)$	—
總和	SST	$n-1$	—	—

若 $F > F_\alpha(1, n-2)$，則在顯著性水準 α 下拒絕原假設，認為模型整體顯著，否則認為模型整體不顯著。

【知識點 6】擬合優度 R2

擬合優度是迴歸平方和與總離差平方和之間的比值，用來反映迴歸直線對總體的解釋程度。計算公式為：

$$R^2 = \frac{\text{SSR}}{\text{SST}} = \frac{\sum \left(\hat{Y}_i - \overline{Y} \right)^2}{\sum \left(Y_i - \overline{Y} \right)^2}$$

由於 $\sum \left(\hat{Y}_i - \overline{Y} \right)^2 = \sum \left(\hat{\beta}_1 + \hat{\beta}_2 X - \overline{Y} \right)^2 = \sum \left(\overline{Y} - \hat{\beta}_2 \overline{X} + \hat{\beta}_2 X - \overline{Y} \right)^2$

$= \hat{\beta}_2^2 \sum \left(X - \overline{X} \right)^2 = \dfrac{\left[\sum (X_i - \overline{X}) \sum (Y_i - \overline{Y}) \right]^2}{\sum \left(X - \overline{X} \right)^2}$

因此，$R^2 = \rho^2$

這表明，當解釋變數與被解釋變數間的線性相關程度越高時，建立線性迴歸模型的擬合效果就越好。

7

統計雜談

本章將介紹一些統計相關的重要基礎知識，包括「迴歸」為什麼那麼重要，迴歸在資料分析中提供了什麼重要訊息。接著談問卷調查中的分類變數，以及條件機率和更多的資訊。第三小節則介紹最大似然估計（Maximum Likelihood Estimation，MLE）這個參數估計的一種常用方法。第四小節則對幾個主流的統計軟體作一個簡單的介紹和比較。並介紹冉冉升起的一顆新星，R 語言。第五小節介紹貝葉斯的貝葉斯推斷（Bayesian Inference）。最後談一談統計資料真的能呈現真相嗎?

為什麼對迴歸情有獨鍾？

世界上沒有無緣無故的愛。筆者學習統計 11 年了，在眾多方法中最愛迴歸，雖不是「弱水三千隻取一瓢飲」，但也可謂情有獨鍾。這是為什麼呢？

迴歸分析對筆者來說有著里程碑式的意義。

並不是因為筆者用它完成了多麼重大的研究、解決了多麼關鍵的課題，而是，當筆者還是大學校園裡一個懵懂的少年時，依稀記得那是一個暖洋洋的午後，陽光透過櫻花樹照進教室，第一堂迴歸分析課上，我的那位戴著眼鏡、操著一口上海口音普通話的、和藹可親的老師所講述的一個故事，深深地印在我的腦海中。

他的故事中，講到迴歸分析的起源和用「迴歸」這個詞來命名的原因。

故事的主角是 19 世紀末一個叫高爾頓（Sir Francis Galton）的生物統計學家。他的表哥是家喻戶曉的達爾文。表哥的劃時代著作《物種起源》讓他看到生物學這塊神奇的土壤，也給了他靈感，激勵他用統計的方法在這個領域作進一步的研究。

在他的眾多研究中，有一個就是開創先河，足以著書立說、流芳百世的。1855 年，他發表了一篇名為《遺傳的身高向平均方向的迴歸》的論文。論文分析了父母身高和孩子身高之間的關係，提出由父母的身高可以預測孩子的身高：父母越高，孩子越高；父母越矮，孩子越矮。儘管他把這種關係用複雜的公式和擬合圖來進行理論化，但事實上這個道理是顯而易見的。

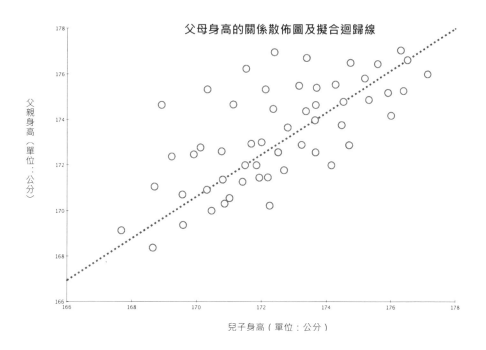

這不是重點，重點是，他透過研究，發現一個神奇的現象：個子矮的父母的孩子比其父母長得更高，而身高高的父母所生的子女的身高一般不太會超過其父母。換言之，身高走向極端（非常高，或者非常矮）的人的子女的身高往往要比其父母的身高更接近人群的平均身高。

這也很好理解。如果總是高個子的男人和高個子的女人結婚，N 代繁衍下去，人類的身高將不可估量。這顯然不符合事實。雖然也有極個別身材很高的，如姚明，但幾千年的歷史中，人類的身高總是徘徊在一個比較固定的區間內。

針對這種現象，高爾頓選擇了「迴歸」這個詞來命名這種研究方法，取意「向平均數方向的迴歸」（Regression Toward Mediocrity）。這個詞在統計學界被沿用至今，以後或許也不會有所變動。

令我印象深刻的是這個關於「迴歸」的故事。在當年，彷彿一抹陽光照進我懵懂的心上，開啟了筆者對科學、對統計學的無限遐想。

後來，筆者離開上海楊浦區國定路的那個滿是紅色房頂的校園，開始了真正的人生遊歷。行過很多路、看過很多風景、遇到很多有意思的人和事，漸漸對這個嫵媚的世界有了一點自己的看法：愛的、恨的、激烈的、飛揚的、沮喪的、斑斕的。

或許已經將很多過往的事情遺忘，卻唯獨記得那個午後、那間教室和那個講著迴歸故事的統計學老師。

後來，筆者有了兩個偏愛的領域：一個是電影，一個是遊戲。

而筆者所愛的迴歸，和它們都有著某種絲絲入扣的聯繫。

【迴歸和電影】

夢工廠的 CEO 傑弗瑞‧卡森伯格（Jeffrey Katzenberg）曾經說過「電影創作靠創造力，不靠資料分析」。

筆者十分贊同他的前半句話。電影是一門藝術。藝術是一件「follow your heart」的事情，而不是「follow the rule」的事情。沒有一顆和世間萬物相連的柔軟的心，沒有對美的靈敏的感知，是不可能創作出好的電影作品的。

筆者卻不甚贊同他的後半句話。再好的作品要走進市場都需要商業運作。如何透過資料敏銳地捕捉電影在市場的反應，對行銷策略作出即時的調整？Google 在這一方面深諳其道。

2013 年 Google 公佈了電影票房預測模型，並聲稱該模型能夠提前一個月預測電影上映首周的票房收入，準確度高達 94%。模型一問世就在業界引起廣泛討論，褒貶不一。支持者認為，這個模型十分適合好萊塢電影公司，可以讓它們透過預測票房來及時調整電影的行銷策略，以達到利益最大化的目的；反對者則不屑一顧，覺得 Google 是「醉翁之意不在酒」，實際目的是鼓勵電影公司購買他們的搜尋廣告。

這個模型的誕生並非偶然，而是一個水到渠成的過程。首先，網際網路的迅猛發展改變了人們的行為和思維模式，越來越習慣有問題「Google」一下。其次，大數據在電影行業的應用也逐步展開端倪。第三，電影的搜尋量必然和票房有著某種程度的相關，這非常符合常理。

Google 決定用迴歸模型來完成預測。

剛開始 Google 用的是一元線性模型，只用搜尋量一個指標來預測票房收入，結果表示只靠搜尋量來預測是不夠的，因為搜尋量只能解釋 70% 的票房收入。經過精挑細選，Google 最終選取三個指標，使得可決係數提高到 94%，它們分別是：

◎　電影預告片的搜尋量。

◎　同系列電影前幾部的票房。

◎　檔期的季節特徵。

下圖顯示模型的預測效果還是令人滿意的，其中灰色點代表了實際的票房收入，菱形的點代表了預測的票房收入。看得出二者十分接近。

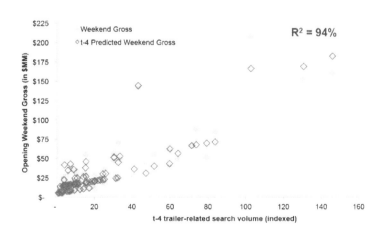

*本文圖片引自 Google 白皮書 Quantifying Movie Magic with Google Search

越來越多的優秀人才湧入大數據這個新興市場，挖掘、探索著千奇百怪的可以使用的模型。而線性迴歸模型，幾乎是最簡單、最基本的模型，為什麼會被 Google 這樣的國際知名大公司所採用？原因主要有如下兩點：

◎　線性迴歸模型雖然簡單卻有著相對很高的準確度（94%）。

◎　簡單的線性模型容易被人們理解和解讀，也很容易對各項指標的影響進行市場策略調整，從而達到優化電影行銷策略的目的。

在這個「資料驅動營運」的年代，誰能透過大數據精準地挖掘出客戶的需求，誰就能夠走在時代的最前端，讓同行望塵莫及。

Google 的票房預測模型，本質上是透過搜尋量，估計使用者對電影的需求有多大，進而預測票房。對資料的應用仍停留在宏觀層面，沒有對使用者需求進行深入挖掘，從而精準定位。如果能夠做到這點，或許真的能夠徹底改變電影行業。到那時就是，「電影創作既要靠創造力，又要靠資料分析」。

【迴歸和手遊】

手遊是什麼？就是手機遊戲的簡稱。

在 80 後的回憶裡都有「那些年我們一起追過的諾基亞」。是的，在那個智慧型手機還沒有誕生的年代裡，手機也僅僅是用來打電話、發簡訊而已。有一款叫「貪食蛇」的手遊是否還留存在你的青春記憶中？對，它就是一款鼻祖級的手遊。

通往科技的道路，如同一場不可逆轉的時間旅行。隨著智慧手機和網際網路的不斷改朝換代，手遊市場勢如破竹。對於已經發展成熟的網頁遊戲和機上遊戲來說，手遊仍然算是一個新興市場，後生可畏，大有扶搖直上的無限潛力。

當然，隨著行業的不斷成熟，手遊業在管理上也漸漸逐步走向精細化營運的道路。資料分析在這個行業中扮演的角色也越來越重要。如何透過對使用者付費行為的研究來最大化遊戲收入是很多發行商都在關注的問題。

很多公司會選擇在 DMP 進行精準投放。Data Management Platform，DMP 中文名稱為資料管理平臺。它的最大優勢是擁有完善的使用者屬性標籤，如收入、地區、年齡、性別、教育程度、社交資訊等。使用者付費行為是我們研究的目標，因為它是遊戲公司利潤的源泉。而 DMP 提供的就是和這個目標可能相關的一些資訊。

利用這些資訊加上使用者本身的付費資訊，就有可能成功分析出哪些屬性對付費會產生怎樣的影響。然後，針對不同屬性進行精準影響，把每一分錢用到最需要的地方、產生最大效益，從而達到最大化遊戲收入的目的。

Talking Data 就用多元迴歸作了如下簡單的分析。

研究目標：分析使用者哪些屬性對遊戲付費有較大影響，影響有多大。

初步選擇變數和收集資料。遊戲中使用者性別（男，女）、收入、所在地區平均收入、受教育程度（0.小學及以下；1.中學；2.本科；3.研究生及以上）和遊戲花費。

進一步挑選模型中的解釋變數（引數）。解釋變數（ $x_1, x_2, \cdots, x_n$ ）之間是獨立的，不能有比和研究變數（ Y ）的相關性更強的關係。地區平均收入與月收入具有強相關性（ $r = 0.99$ ），必須捨棄一個。再分別求出它們和遊戲花費之間的相關係數，發現地區平均收入跟遊戲支出相關性更強。於是選擇把地區平均收入放到模型中。

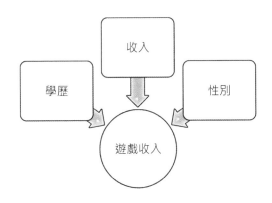

建模。透過把資料放進統計軟體中進行計算得到運算式：

$$Y = 828.57 + 57.6D - 894.5E_1 - 544.3E_2 - 309.3E_3$$

Y：遊戲支出（元）

D：地區收入（元）

$$E_1 = \begin{cases} 1 & \text{小學及以下} \\ 0 & \text{其他} \end{cases}, E_2 = \begin{cases} 1 & \text{中學} \\ 0 & \text{其他} \end{cases}, E_3 = \begin{cases} 1 & \text{大學} \\ 0 & \text{其他} \end{cases}$$

$R^2 = 70\%$，說明模型只能解釋 70% 的遊戲支出，F 檢驗結果顯示該線性模型也是顯著的。

透過這個研究 Talking Data 想說明影響使用者遊戲付費的主要因素是地區平均收入和教育程度。同時可以預測出一個大學水準、地區年平均收入 10 萬元的使用者，在遊戲中每年付費約 828.57+57.6×10－309.3=1095.3（元）。

這只是一個簡單的例子，用來說明迴歸分析的用途。實際中標籤的實用更為複雜、靈活多變。隨著大數據理念的普及和資料庫的完善，使用者屬性的刻畫更加詳盡。假如標籤涉及幾十個甚至上百個變數則需要先進行因數分析降維，再利用提取的因數進行迴歸。

迴歸分析說到底是探索事物相關性的一種方法。對於相關性關係的探索，人們往往存在誤解，認為相關關係就是因果關係。其實並不是這樣的。迴歸模型的真正意義除了預測之外，還能更清楚說明變數與被解釋變數之間的關係。

無論是統計學入門級教材中最簡單的一元線性迴歸模型，還是 Google 和遊戲公司實際應用的多元迴歸模型，甚至是極其複雜的諾貝爾經濟學獎得主所建構可以指導一國宏觀經濟的迴歸模型，它們的「靈魂」都是一樣的：尋找變數之間擬合的最佳線性關係。

在統計軟體越來越友好的今天，擬合這種關係變得越來越簡單，根本不需要理解如何計算「最小二乘估計」，只需要掌握如何解讀軟體計算出的模型。對於一個迴歸公式要理解迴歸係數，只需理解三件事的含義：係數的正負、大小、含義。

係數的正負：
正負代表因變數和引數是正相關還是負相關。

大小：
大小代表引數變化對因變數產生多大程度的影響。

含義：
含義考驗迴歸係數是否具有統計學意義。

以遊戲公司的模型為例。建模時把受教育水準當作玩家付費的一個影響因素。受教育水準本身是一個分類變數，即有 4 個水準（0.小學及以下；1.中學；2.本科；3.研究生及以上）。如何把這類變數加入迴歸中，這就需要引入「啞變數（Dummy Variable）」，又稱為「虛擬變數」。如果還是很抽象，舉個小小的例子來講行說明，假設有三個玩家，他們的受教育水準分別為小學、中學、大學，輸入資料時情景如下。

玩　　家	E_1	E_2	E_3
A	1	0	0
B	0	1	0
C	0	0	1

E_1 的迴歸係數是 –894.5，表示在相同地域，當一個玩家受教育水準是小學或者沒上過學的，其對遊戲支出的影響是負的。單純看這一個因素，或許有點令人費解。再看 E_2 的迴歸係數是 –544.3，當玩家的受教育水準上升到中學時，這種負向的影響減弱。這也符合常理。受教育水準越高，就可能獲得更好的工作和收入，那麼遊戲付費的能力也就越強。

這裡必須強調的是，迴歸分析只是一種探索資料和世界的輔助性工具，在控制其他因素的前提下，揭示變數之間的相關關係究竟有多親密。當然這只是一種可以猜測到的可能性，並不是確定的因果關係。

遊戲玩家受教育程度越高，付費能力越強。但此處的模型裡沒有考慮更多的因素，比如，時間。受教育程度越高的人，工作可能越忙碌，可花費在遊戲上的時間越少，進而導致總體付費越少。

這裡所選擇的變數和資料只能解釋 70% 的付費狀況，有 30% 是不能透過模型來解釋的。這是透過可決係數 R^2 反映出來的。 R^2 衡量的是迴歸方程式整體的擬合度，是表達因變數與所有引數之間的總體的相關程度。如果樣本迴歸線對樣本觀測值擬合程度越好，各樣本觀測點與迴歸線靠得越近，由樣本迴歸作出解釋的離差平方和與總離差平方和越相近；反之，擬合程度越差，相差越大。

這裡將一個重要的問題一筆帶過了——多元線性迴歸的引數如何選擇？這是一個在短篇幅不能詳盡解決的問題，還有一點又可意會不可言傳的味道，需要讀者在實踐中摸索。總之，記住一句話：沒有最優的模型，只有最合適的模型。

問卷調查中的分類變數

分類變數，一個讓筆者又愛又恨的東西。

筆者花了生命中寶貴的幾年時間跟著一個瑞典老太太研究這個東西。

那個老太太，不是別人，正是筆者博士時期的導師之一，Elisabeth Svensson。

她是一個倔強的、強勢的、聰明的、精力充沛的老太太，其時已經 70 歲，卻依舊活躍在學術界。她一生坎坷，離異、喪偶，有一個女兒，在離她很遠的城市。她獨居在瑞典南部一個小島上。她喜歡歌劇，燒一手好菜（這是為數不多筆者認為廚藝好的瑞典人），最大的愛好是帶著乾糧、背著望遠鏡去看鳥。她是一個傳奇。

然而，這些都不是最重要的。最重要的是，她研究了一套應對分類變數的方法，以她自己的名字命名——Svensson method。

著書立說，自古是中國文人嚮往的事。筆者也不能免俗。帶著對她的憧憬，筆者深入到這個領域去探索。所以今天，筆者覺得很有必要花上一定的篇幅，也帶領讀者去這個領域一探究竟。

【疼痛】

像疼痛、態度、感受等主觀資料只能透過問卷，也就是提問的方式來測量。比如，有這樣一個問題：

「在過去的四週裡，你後背疼痛的程度？」

A・毫無疼痛感

B・一點點疼痛，可以忽略不計

C・中等疼痛

D・相當疼痛

E・非常嚴重的疼痛

這是一個應用在臨床當中、用來測量患者疼痛的真實問題。在一項回顧性研究中，研究人員想測量一個關於疼痛問卷的敏感度如何。什麼叫敏感度呢？就是說一個問卷能夠測量一項手術或者治療的效果如何。

這項試驗中有 101 個病人參與，他們或多或少有些脊椎問題，需要進行手術治療。在手術前，醫護人員用上述那個問題「在過去的四周裡，你後背的疼痛有多少？」去詢問每一個病人。病人在上述 A～E 級別的疼痛中選擇一個。手術過後，再用同樣的問題去詢問這些病人，讓他們再填寫一次。

這樣就產生了一對相匹配的分類資料，內容如下。

病　　人	手　術　前	手　術　後
1	E	D
2	D	D
3	C	B
4	D	B
......	......	......

在 Elisabeth 和筆者的研究中，將這類資料匯總在一張聯立表中，如下圖所示。

X：手術前

		A	B	C	D	E	總和
	E			2	3	1	6
	D			1	6	4	11
Y：手術後	C			11	16	3	30
	B		3	19	11	2	35
	A	1	5	5	8		19
總和		1	8	38	44	10	101

上頁這張聯立表反映了手術前後 101 個病人疼痛資料的變化分佈狀況。標深灰色的那個格子裡面的數字 5 代表有 5 個病人手術前的疼痛狀況是「C・中等疼痛」，手術後變成了「A・毫無疼痛感」，說明他們手術後後背疼痛的狀況得到了好轉。

【Rank-Invariant】

Elisabeth 篤信分類資料（Ordinal Data）具有 Rank-Invariant 的性質。意思是，以疼痛為例，通常為了方便，人們習慣用數字來記錄這些來自問卷的答案，如：

1 = 毫無疼痛感

2 = 一點點疼痛，可以忽略不計

3 = 中等疼痛

4 = 相當疼痛

5 = 非常嚴重的疼痛

但這裡的數字並不是真正的數字，不能進行加減乘除的運算。這種觀點和問卷資料傳統的處理方法是不同的。傳統方法基於這些數字的數學運算，如「求和法」或「均值法」。比如，著名的 SF-36 問卷，從 8 個維度全面調查身體的健康狀況，每個維度下有若干問題。被調查者在填好問卷後，會透過加減乘除的數學運算給每個人算出一個 0～100 的數值，數值越高代表健康狀況越好。

Svensson 和其他一些堅持 Rank-Invariant 性質的學者認為這種基於「問卷調查資料可以用於數學運算」的假設本身存在問題。無論是「求和法」還是「均值法」在運算的過程中都會存在資訊壓縮的現象，使得擁有不同健康狀況，甚至十分巨大差異健康狀況的病人得到同樣一個分數。

【Svensson Method】

Svensson 發展了一套以自己姓氏命名的理論——Svensson Method。這是一套專門針對成對問卷調查資料的非參數方法。

什麼是「成對數據」呢？簡單地說，就是同一組個體，針對同一個問題，在兩個場合的回答。上述例子中，一組要進行脊椎手術的病人，手術前填寫疼痛的問卷調查，手術後再就同樣的問卷再作一次回答。透過對「成對」的對比，可以發現前後的變化規律。

Svensson Method 可以把這種變化分解成兩個部分：系統差異（Systematic Difference）和個體差異（Individual Variation）。系統差異指的是整組人的集體變化，如果這種變化體現在「位置上」，以及他們用 1～5 的量表來評價時的整體位置發生變化，就會展現為一個非零的 RP（Relative Position）值。

除了這種整體變化，還存在個體差異：即使結果顯示，這種手術在總體上來說對這類病人是有效的，但並不是每個病人都能夠得到同樣程度的改善。這種個體差異用 RV（Relative Variance）表示。如果 RV 的值足夠大，那麼醫生就需要更加考慮每個病人的不同狀況，而不是「一刀切」地採取同樣的治療手段。

這幾個重要指標的數學表達公式如下：

$$RP = \frac{1}{n^2}\sum_{v=1}^{m} y_v C(X)_{v-1} - \frac{1}{n^2}\sum_{v=1}^{m} x_v C(Y)_{v-1}$$

其中 x_v 和 y_v 代表第 v 個類別下邊際分佈的頻率，$C(X)_v$ 和 $C(Y)_v$ 代表第 v 個邊際分佈的累計頻率。m 是這個問題所包含的類別的個數（$v \geq 2$）。

$$RV = \frac{6}{n^3}\sum_{i=1}^{m}\sum_{j=1}^{m} \Delta \overline{R}_{ij}^2 x_{ij}$$

其中 $\overline{R}_{ij}^{(X)}$ 和 $\overline{R}_{ij}^{(Y)}$ 為：

$$\overline{R}_{ij}^{(X)} = \sum_{v=1}^{i-1}\sum_{j=1}^{m} x_{vj} + \sum_{v=1}^{j-1} x_{iv} + \frac{1}{2}\left(1 + x_{ij}\right)$$

$$\overline{R}_{ij}^{(Y)} = \sum_{v=1}^{j-1}\sum_{i=1}^{m} x_{iv} + \sum_{v=1}^{i-1} x_{vj} + \frac{1}{2}\left(1 + x_{ij}\right)$$

【工作環境和員工滿意度】

筆者的導師 Elisabeth 是瑞典數一數二的醫學統計學家，但這並不意味著 Svensson Method 只能夠應用在醫藥領域。凡是存在成對主觀資料的領域，她的方法都能夠找到自己適用的位置。

某個遊戲發行公司在手機遊戲迅速崛起的 2009 年到 2012 年間抓住了這個黃金的發展時代，公司規模迅速擴張。公司希望在佔領更多市場占比的同時提高內部的管理水準、辦公環境和員工的歸屬感。因為手遊行業甚至整個網際網路行業的人員流動性非常大，能夠留住人才對一個企業來說至關重要。

公司原來的辦公環境非常擁擠，很多員工抱怨桌子小、空氣差。人力資源的同事發電子郵件針對辦公環境對每個員工進行調查。問題是：你對辦公環境的滿意程度如何？

　　　　A．非常滿意
　　　　B．基本滿意
　　　　C．勉強湊合
　　　　D．不滿意
　　　　E．非常不滿意

公司於是在新一輪裝修中考慮了這些因素：換了較大的辦公桌，加大了窗戶的尺寸讓更多的陽光照射進來，新購置 N 台空氣淨化器，每個辦公桌增加一盆綠植並由專人照料，等等。辦公環境改變後，HR 又對全體員工進行新一輪郵件調查，還是之前同樣的問題。

該公司有員工 250 人，HR 發放 250 份問卷，收回 243 份有效問卷。資料的分佈狀況大概如下。

X：裝修前

		A	B	C	D	E	總和
	E			3	16		19
Y：裝修後	D		5			45	50
	C			20	43		63
	B			16	62	10	88
	A		15		8		23
	總和	0	20	39	129	55	243

從資料分佈的表格中可以看出裝修前，超過一半（53.1%）的人對工作環境「不滿意」，而裝修後，這個比例下降到 20.6%。裝修前對工作環境「非常滿意」的人占比為 0%，裝修後提升到 9.5%。從這樣一個大概的分析中可以看出裝修對員工的滿意度有一定程度的改善。如何把這種改善的程度量化？這就需要 Svensson Method。

由上述介紹的公式計算出：代表系統差異位置變換的指標 RP＝－0.538，95%的信賴區間是（－0.468，－0.608）。個體差異指標 RV=0.221。如何解讀這些指標呢？

負的 RP 值代表這個公司員工滿意度的整體變化趨勢：裝修完成後，整體的滿意度朝著一個更低的水準改變（A～E），即整體滿意度的提升。而從統計推斷的結果，95%的信賴區間顯示這種提升是顯著的，因為區間沒有包括零。

RV 的值代表個體差異，這是一個介於 0～1 之間的值。越靠近 0 就表示個體差異越小，整組人趨同；越靠近 1 則表示個體差異越大。較大的 RV 值給讀者解讀整組人的整體變化帶來一定的困難，整組人每個人有其不同的特點，所以不能一概而論。RV=0.221 代表公司全體員工存在一定程度的個體差異：大部分員工在裝修後對辦公環境的滿意度得到提升，但是仍有小部分員工的滿意度在降低。

RV 這個數值無論對疾病治療還是企業管理都至關重要。一個具有深刻人文關懷的公司是絕對不會簡單粗暴地奉行「少數服從多數」的原則的。充分尊重每個個體的訴求，是良好企業文化的體現，有利於提升員工歸屬感。企業煞費苦心地裝修辦公環境，可部分員工卻不領情，依舊給「差評」，這就得引起人力資源部門甚至企業管理層的重視：必然是企業管理的其他環節出了紕漏。究竟是什麼紕漏，還需要進一步剖析。

RP 反映趨勢，RV 敲響警鐘。二者為鯤鵬之兩翼，在分析成對資料的變化中相輔相成才能翱翔九天。

條件機率和更多的資訊

條件機率是指在已知一定條件的前提下某件事情發生的機率。已知的一定條件為事情的發展提供了額外的資訊，進而對事情原本的機率作了一定程度的調整。

$P(B|A)$ 就是在事件 A 發生的前提下，事件 B 發生的機率。數學公式是：

$$P(B|A) = \frac{P(AB)}{P(A)}$$

其中 $P(AB)$ 是事件 A 和事件 B 同時發生的機率。

【生男生女的問題】

筆者上第一堂統計課的時候，老師就告訴了我們統計學研究的禁忌之一是生男生女的問題。其實，從統計學的角度出發，無論是理論方法還是技術手段都是有能力實現研究出生男生女的規律的。但這算是反人類的研究，有違自然規律，研究成果也很有可能對人類種族和人類社會的發展造成惡劣的負面影響。

這是一個統計學的禁區，所以它不屬於這裡要討論的範疇。

下面僅僅是藉著這個話題，拋磚引玉地來聊一聊條件機率這個概念。先一起來看幾個簡單的小問題。

有一對 80 後小夫妻，他們結婚後先生了一個寶寶，成為幸福快樂的一家三口。後來趕上國家的二胎政策，又趕時髦地生了第二個寶寶。

問題 1：這兩個小孩都是男孩的機率是多少？

問題 2：已知其中有一個是男孩，另一個也是男孩的機率是多少？

問題 3：已知第一個孩子是男孩，第二個孩子也是男孩的機率是多少？

第一個問題的答案很簡單，學過高中生物課遺傳學內容的讀者應該都會算這道題目。下面按照統計學的思路嚴格計算一遍。

定義：

第一個孩子是男孩為事件 A。

第二個孩子是男孩為事件 B。

值得注意的是，事件 A 和事件 B 是獨立的，意思就是，第一胎生男生女不會影響第二胎生男生女的機率。基於兩個事件的獨立性，在求取二者同時發生的機率時可以直接相乘，所以，兩個孩子都是男孩的機率是：

$$P(AB) = P(A)P(B) = \frac{1}{2} \times \frac{1}{2} = \frac{1}{4}$$

第二個問題和第三個問題有著細微的差異。從問題二中得到的資訊是，夫妻倆的兩個孩子不全是女孩，這有三種可能性：兄弟、兄妹、姐弟。那麼，以這種條件為前提，兩個孩子都是男孩的機率就是「兄弟」這種情況，占三種可能性的 1/3。

第三個問題的前提條件將兩個孩子限制在只有兩種可能：兄弟和兄妹，答案自然就是 1/2。也可以套用前面給出的公式的條件機率的公式來計算：

$$P(B \mid A) = \frac{P(AB)}{P(A)} = \frac{1/4}{1/2} = \frac{1}{2}$$

同樣是問兩個孩子都是男孩的機率，第一個問題沒有告訴我們更多額外的資訊，所以機率就是 1/4，是最普通、最基本的一種情況。而第二個問題和第三個問題卻增加了一些資訊或條件。這些資訊能夠對最基礎的機率進行一個調整，使得它不再是 1/4。第三個問題比第二個問題所給出的條件更具體，因此，這個機率也更「自信」。

✎【門後的世界：到底是誰錯了？】

現在的年輕人或許不知道，在那個人們還沒有沉迷網路世界的年代裡，有這樣一本雜誌。它旨在發掘人性中的真善美，體現深刻的人文關懷；它融思想性、知識性、趣味性為一體，深受「文藝青年」的喜愛。對，沒錯，這就是《讀者》這本雜誌。

如今，這樣的一本雜誌仍值得我們對它深深地懷念。懷念的是一種捧著紙質雜誌在充滿陽光的午後安心閱讀的感覺。懷念的也是，那些歲月靜好的青春年華。

至今，筆者仍然清晰地記得二十年前的某一期《讀者》雜誌，曾經刊登過這樣一個有趣的問題：

在一個電視遊戲節目裡，臺上有三扇門，分別是 A、B、C。其中一扇門的背後有一件價值不菲的獎品。如果參與遊戲的嘉賓能夠正確地猜測到哪扇門後有大獎，他就能夠把這件獎品帶回家。某個嘉賓選擇了 A 門。在 A 門被打開之前，主持人首先打開了 B 門，發現門後什麼也沒有。

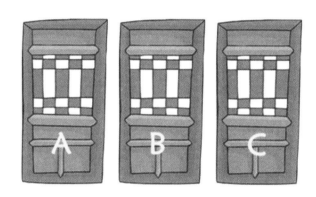

然後在緊張的音樂背景下，主持人慎重地問嘉賓，要不要改變決定，選擇 C 門？嘉賓猶豫片刻後，決定堅持原來的選擇。他理性地分析了一下，認為換不換都一樣：A 門和 C 門後有獎品的機率都為 1/2。

結果，主持人遺憾地告訴他，他猜錯了，和大獎失之交臂。

隨後，《讀者》收到了不計其數的觀眾來信，其中不乏知識淵博的博士和教授。支持嘉賓換門和不換門的都大有人在。

認為不換的理由是：換不換結果都一樣。因為已經知道 B 門後沒有大獎，那麼大獎就只可能在 A 門和 C 門後。而這兩個門是無差異的，那麼每個門後有大獎的機率都應該是 1/2。

認為應該換的理由：事情的玄機在於主持人看似尋常卻意味深長的舉動。有三扇門，A門後有大獎的機率理應是 1/3，B 門和 C 門中至少有一個有大獎的機率是 2/3，並且其中必定有一個門是空的。在只能開一扇門的前提下，她為什麼先開 B 門而不是 C 門？主持人是知道實情的。說明大獎很可能在 C 門後面。

那麼，門後的世界究竟隱藏了怎樣的玄機？到底是誰錯了？

其實，理解這個問題的關鍵就是這一章討論的「條件機率」。

如果在嘉賓作出選擇之前主持人就打開了 B 門，那麼 A 門和 C 門後有大獎的機率都是 1/2。

但問題的關鍵是，主持人是在觀眾選擇 A 門之後，才打開 B 門的。條件發生了改變，資訊得到了更新，那麼，條件機率自然也就不同。

列舉全部獎品分佈的情況如下表所示。

A	B	C
有	無	無
無	有	無
無	無	有

定義事件 A、B、C 分別為門 A、門 B、門 C 後有獎品；$\overline{A}$、$\overline{B}$、$\overline{C}$ 為各自門後沒有獎品。因此，在得知 C 門是「無」的情況下而 B 門後有大獎的可能性為：

$$P(B \mid \overline{C}) = \frac{P(B\overline{C})}{P(\overline{C})} = \frac{1/3}{1/2} = \frac{2}{3}$$

因此，本文開頭提出的問題的正確答案是，換一種選擇獲獎的機率是 2/3。

語言的陳述有時候美麗卻具有迷惑性，讓人不知不覺掉入它溫柔的陷阱。而數學公式卻簡潔明瞭，從不欺騙。條件機率，一言以蔽之，即條件改變後我們擁有了更多的資訊，可以利用這些資訊對原來的機率進行一個量化的調整。這和下面要講的貝葉斯的精神是一脈相承的。

最大似然估計：看起來最像

最大似然估計（Maximum Likelihood Estimation，MLE）又稱作最大概似估計，是參數估計的一種常用方法。

這種參數估計的方法的基礎是最大似然的思維：在給定模型的情況下，最優的模型參數一定是使得這個已知樣本出現的可能性最大的參數。

其實非常好理解：機率最大的事情最有可能發生。而在一次試驗中出現的事件，應該為較大機率的事情。

【白狐，iPhone 6 plus 和房價】

讓我們從一個簡單的例子開始。一位經驗豐富的老獵人，一生打獵無數，槍法精準，最愛獵白狐，因為他喜歡白狐潤澤柔軟的皮毛。有一天他帶著他新收的徒弟上山打獵。一隻雙眼閃爍著靈氣的白狐從山林中穿梭而過。遠處傳來兩聲槍響後，白狐應聲倒下。

其實可憐的白狐只被其中一發子彈一擊致命。請問，如果讓你推斷，你會猜是誰打中了白狐？

接下來的例子特別應春節的景。某公司年會上，一百個優秀員工上臺抽獎。慷慨的老闆把中獎的機率調高到 100%。抽獎箱裡放著 100 部 iPhone 6 plus，也就是說，人人有獎、永不落空。區別是，有土豪金和太空銀兩種顏色。其中一種顏色有 90 部，而另一種顏色僅有 10 部。

現在從箱子裡面隨機抽取一部手機，結果發現是土豪金的。請問，土豪金和太空銀的個數各是多少？

下面的例子就略帶憂傷了。如果對北京三環內的房價進行抽樣調查，得到一個 100 個社區的樣本。根據這個樣本計算出的平均房價是每平方米 6.5 萬元。現在用這個樣本來估算整個北京三環內房價的真實水準。

根據「機率最大的事情最可能發生」這一最大似然原則，白狐極有可能是被老獵人射殺，因為他一擊即中的機率遠高於剛入師門的新手。年會優秀員工隨手就抽到了一個土豪金，說明土豪金極有可能是 90 部而太空銀僅有 10 部。

根據第三個小例子中的樣本資訊，你也肯定不會天真地估計房價是每平方 2 萬元，因為如果真實情況真的是每平方 2 萬元，那麼得到一個樣本是 6.5 萬元的機率是極低的。

這些都是最大似然的思考方式，非常有助於我們理解最大似然這種估計方法。

如果在上述 iPhone 的例子中，假設抽獎箱中土豪金和太空銀的數目多少未知，二者的比例也未知。而我們偏偏想知道箱中土豪金和太空銀的比例，但又不能把箱中的手機全部倒出來數。

可以每次任意從已經搖晃均勻的箱子中（確保二者充分混合）抽一個手機出來，並記錄手機的顏色。接著把抽出來的手機再放回箱中。重複這個過程 100 次，就可以用記錄的手機顏色來估計抽獎箱中兩種顏色手機的比例。

假如在前面的 100 次反復記錄中，有 90 次是土豪金，請問箱中土豪金的 iPhone 6 plus 所占的比例最有可能是多少？很多人會毫不猶豫地回答道：90%。

那麼，根據最大似然估計方法的理論應怎樣計算呢？

假設箱中土豪金的比例是 p ，那麼黑球的比例就是 $1-p$ 。每抽出一部手機，記錄顏色之後，又把它放回箱裡搖勻，所以每次抽出來的手機的顏色為 $x_1, x_2, \cdots, x_{100}$ ，其中：

$$x_i = \begin{cases} 1, & \text{if 土豪金} \\ 0, & \text{if 太空銀} \end{cases}$$

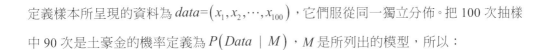

定義樣本所呈現的資料為 $data=(x_1, x_2, \cdots, x_{100})$，它們服從同一獨立分佈。把 100 次抽樣中 90 次是土豪金的機率定義為 $P(Data \mid M)$，M 是所列出的模型，所以：

$$P(Data \mid M) = P(x_1, x_2, \cdots, x_{100} \mid M)$$
$$= P(x_1 \mid M) P(x_2 \mid M) \cdots P(x_{100} \mid M)$$
$$= p^{90}(1-p)^{10}$$

其實，這就是樣本的似然函數。找到一個參數可以最大化這個似然函數，就得到了這個參數的最大似然估計值。

那麼，P 在取什麼值的時候，才會讓最大似然函數 $P(Data \mid M)$ 值是最大的呢？對 $P(Data \mid M) = p^{90}(1-p)^{10}$ 求導，並令其等於零，最終得到 $\hat{p}=0.9$。所以大家的直覺是對的。

R you happy

並不是所有的統計學者都像筆者一樣偏愛沉迷在公式的海洋中，為推導出一個小小的變異數運算式而花上一週的時間和一大堆的草稿紙。

更多的統計工作者喜歡或者需要實戰，需要從雜亂的資料中探索出規律，用一種更美、更親和的形式，比如圖形，把資料呈現出來。這就離不開統計軟體，畢竟，電腦科技發展的日新月異，而我們也不再是「瘋狂的原始人」。

將幾個主流的統計軟體作一個簡單的介紹和比較。它們各有千秋，各領風騷。其中冉冉升起的一顆新星，就是 R 語言，也是筆者個人比較偏愛的一個統計軟體。

【名門閨秀 SAS】

Statistical Analysis System，SAS 是一種大型統計分析系統，在國際上被奉為標準的統計分析軟體。它如同一位端莊的名門閨秀，家境殷實，琴棋書畫無所不能，結交的也都是權貴。

SAS 專業的程式設計語言和並不太友好的使用者使用介面，把大多數非高富帥的仰慕者都拒之門外，不具備深厚專業功底和一定程式設計能力的非專業使用者只能望而卻步。這也就是為什麼會使用 SAS 程式設計成為職場競爭力的一個有力籌碼的原因。

SAS 不菲的價格和只租不賣的行銷策略使得它頗具高冷氣質。雖然被廣泛應用於各個領域，但用得起它的使用者不是少數的跨國企業，就是一些公家機關或者學術研究單位。

SAS 功能強大，而這些功能都是由幾大模組來實現的。BASE（基礎）模組為必選模組，是核心，其他可以隨意添加。BASE 模組主要負責資料調入、儲存，撰寫報告和生成圖表，進行資料的簡單操作（如分類、排序等），計算一些基本的統計量（如均值、變異數、相關係數等），以及和外界進行資料交換。

另一個 SAS 系統的精華模組就是 STAT（統計）模組，對於統計工作者來說是最常用的一個模組。它包含可靠完善的統計分析，如變異數分析、迴歸分析、聚類分析、因數分析、主成分分析、相關性分析和非參數檢驗等。

SAS 這位大家閨秀以其強大的資料處理能力和專業的素質，在競爭激烈的統計分析軟體行業屹立不倒。但小姐出自名門，規矩多，束縛也多。模組和演算法比較固定，和這個時代資訊急速發展、知識不斷更新換代的主流思想相違背，越來越多的新方法期待被添加、被應用，既定模組的統計系統顯然已經漸漸不能滿足這種發展速度的要求。

【 國民初戀 SPSS 】

如果真有一個統計軟體既深受使用者喜愛又有著良好的口碑和使用者體驗，那麼一定是 Statistical Package for the Social Science，SPSS。它作為國際上最早發佈的、應用最廣泛的專業統計軟體，就像人們心目中純真美好的初戀，讓人回憶起來心中總是流淌著溫柔的氣息。

SPSS 人機介面友好，輸出的結果也相當漂亮。頗高的顏值為它贏得很多「印象分數」。

合理的價格、齊全的功能、操作簡單容易上手，這些親和的特點更讓它擁有最廣泛的粉絲群，在社會科學、自然科學等領域得到廣泛普及和應用，並且成為非統計專業工作者的首選。

SPSS 在國際上擁有良好的口碑和信譽。許多有國際影響力的雜誌十分認可 SPSS 的分析結果，對用它繪製的統計圖表更是稱讚有加。在國際學術交流中，有一條被預設的「潛規則」：只要是用 SPSS 做出的統計分析，則不需要說明演算法。「國民初戀」的認可度之高，可見一斑。

但是 SPSS 在新演算法的整合上同樣也存在問題，演算法的更新只能透過等待新版本的升級來實現。而這種等待所付出的時間和機會成本，通常是在科技尖端追風逐月的科研工作者所不願意付出的。

【小家碧玉 Stata、Minitab、Excel】

就好像《紅樓夢》大觀園中百花齊放的眾姐妹，在統計軟體的大家庭裡既有大家閨秀又有小家碧玉。有人欣賞大家閨秀的端莊大氣，也有人喜歡小家碧玉的溫婉靈秀。

Stata 是一個用資料管理和統計分析的軟體，功能強大且小巧玲瓏。它由美國電腦資源中心（Computer Resource Center）開發。Stata 的最大優點是小巧、佔用空間少。除此之外，它所選方法先進，內容覆蓋面廣、輸出結果簡潔漂亮，繪製的圖形精良優美，可被圖形處理軟體或 Word 等直接呼叫取用。Stata 具有強大的統計功能，與時俱進地收集近二十年來新發展起來的方法，比如，指數與 Weibull 迴歸，Cox 比例風險迴歸，隨機效應模型等。不過簡單的資料介面、只能讀入純文字格式的資料缺失也令很多使用者鬱悶。所以，Stata 也只是在學術界最受歡迎。

Minitab 是另一款小巧軟體，和大型的 SAS 或者 SPSS 比，佔用的記憶體要小得多，但功能卻毫不遜色。Minitab 的介面類似於 Excel 的表格，卻有著豐富強大的統計功能。雖然在中國的應用不如 SPSS 或者 SAS 那樣風靡，但卻擁有許多統計軟體所不具備的優勢——矩陣運算。這些獨特的魅力讓它不但深受教育和科研工作者歡迎，也被越來越多的大眾所接受。

Excel 雖然不是專業的統計軟體，但在很多企業的日常工作中卻扮演著統計軟體的角色，執行著一些最基本的統計計算分析的功能。Excel 的最大優勢就是它的普及性。有微軟 Office 的電腦就會有 Excel，雖然並不是所有的 Excel 都安裝了資料分析的功能，但透過簡單的步驟就可以安裝。簡單的統計分析 Excel 可以勝任，但稍微複雜一點，就需要使用函數。而對於更加複雜的統計推斷問題，Excel 就無能為力了。

【清新蘿莉 R】

和 SAS、SPSS 及那些具有特色的小家碧玉相比，R 語言是那樣的風格鮮明。它年輕而朝氣蓬勃，充滿生氣和希望，就好像一個年紀輕輕而又積極向上的女孩子。

R，也稱為 R Project，是一個免費的統計軟體，由志願者管理。R 語言靈活方便，程式設計功能極其強大，使用者可以按照自己的心意編寫程式來實現自己想要的效果。與其說 R 是一種軟體，不如說它是一種計算環境更貼切。簡單說來，可以從如下幾個方面去理解它：

（1）　它是一種用於統計分析、建模建立和預測，以及資料視覺化的資料分析軟體。

（2）　它是一種物件導向的程式設計語言，擁有物件、運算子和函數來計算、建模、繪製圖表。

（3）　它是一種可用於統計分析的環境，幾乎支援所有資料分析的各種需求。

（4）　它是一個開源的專案，有龐大使用者社群做基礎，成果被廣泛採用，涵蓋範圍廣、品質優、信譽高。

從使用者數量和功能上來講，它都是目前發展最快的統計軟體，漸漸不再是學術界的專寵，而受到越來越多的專業分析師、資料科學家、資料採擷人員和企業歡迎。

R 所具有的開源的特點，吸引眾多領域的專業人才不斷將自己最新研究成果的程式加入進去。它的核心思想就是提供一些可以不斷更新的統計工具，讓使用者可以隨意進行挑選搭配，進一步創造出可以解決新問題的新方法。

R 有很多獨一無二的優點，但它遲遲未能在企業領域被廣泛認可的最重要的原因之一是它的記憶體限制。許多企業嘗試很多方法去試圖克服這種限制。

其中一種方法是在多個伺服器上併行執行 R 引擎。但是當資料分佈在多台伺服器上時，使用者如果需要資料分析，或者對所有客戶進行細分建模，都會很難完成。這需要建立平行算法或者尋找能夠在所有伺服器上並行運算的新方法。

另一種試圖解決記憶體限制的方法是購買更大記憶體的伺服器，當然，這價值不菲。

雖然這些問題暫時不能解決，筆者也依舊看重 R 語言發展的無限潛力。正應了朱熹的《觀書有感》中的兩句詩：問渠哪得清如許，為有源頭活水來。

貝葉斯

很多人說自己學過統計學方法，但不是每一個學過統計學的人都聽說過「貝葉斯」的貝氏定理。

貝葉斯為何方神聖？其實，它是一種統計學方法，稱為貝葉斯推斷（Bayesian Inference），是以英國數學家湯瑪斯‧貝葉斯（Thomas Bayes）的姓氏命名的。

⚡【起源】

貝葉斯方法得名於 18 世紀英國著名數學家湯瑪斯‧貝葉斯（Thomas. Bayes），其對應的推理模型稱為貝葉斯推理。起初只是一個用來描述兩個條件機率之間關係的簡單數學公式，貝葉斯定理（貝氏定理），卻發展成為目前最具優勢的科學研究綱領之一，並廣泛應用於統計學、經濟學、心理學和人工智慧等領域。

跟諸多偉大的科學思想相似，貝葉斯方法的蓬勃發展道路並非平坦。儘管法國數學家皮埃爾‧西蒙‧拉普拉斯（Pierre-Simon Marquis de Laplace） 和一些其他頂尖的機率學家

積極採取貝葉斯理論，還是不能挽回它在整個 19 世紀被冷落的頹勢。因為在當時人們還不知道如何正確處理先驗機率。甚至到了 20 世紀上半葉，貝葉斯的火苗也只能在少數思想家的方法中得以保持，比如義大利的布魯諾・德・菲尼迪（Bruno de Finetti）和英國的哈樂德・傑佛瑞斯（Harold Jeffreys），人們更關注於另一個完全不同的理論，經典統計（現在也稱為頻率統計）的發展。

現代貝葉斯運動開始在 20 世紀下半葉，由美國統計學家吉米・薩維奇（Jimmy Savage）和英國統計學家鄧尼斯・林德利（Dennis Lindley）率先發起。但是貝葉斯推理仍然非常難以實現，直到 20 世紀 80 年代末 90 年代初，當強大的電腦變得普及，新的計算方法才被開發。對貝葉斯統計方法感興趣的後續爆發不僅導致了對貝葉斯方法探究的眾多課題，同時也使得不少應用領域的棘手問題得以解決，比如在天體物理、天氣預報、醫療政策和刑事司法等領域。

【定義】

科學假設往往透過觀測資料的機率分佈來表現。這些機率分佈依賴於未知量，稱為**參數**。在貝葉斯範例中，把對模型參數現有資訊的瞭解濃縮到一個假定的參數機率分佈中，這個分佈稱為「**先驗分佈**」，常記作：

$$P(\theta\ \Theta)$$

當新的觀測資料 y 到手時，它們所包含的關於模型參數有關的資訊會被「**似然函數**」表示。這個「**似然函數**」與給定模型參數的觀測資料機率分佈成正比，記作：

$$P(y\ |\ \theta\Theta)$$

貝葉斯推理的核心思想是把新觀察的資料資訊和之前的先驗假定組合，或者理解為對先驗假定的一種資訊更新，從而產生了模型參數的新機率分佈，即所謂的「**後驗分佈**」。貝葉斯定理完美地詮釋了這種資訊更新在數學上是如何實現的。

貝葉斯定理實質上就是在 7.3 節中討論的條件機率的計算公式，$P(A|B)$，就是指在事件 B 發生的情況下，事件 A 發生的機率。讓我們一起來重溫一下這個熟悉的公式：

$$P(A \mid B) = \frac{P(A \cap B)}{P(B)}$$

同理，事件 A 發生的情況下，事件 B 發生的機率為：

$$P(B \mid A) = \frac{P(A \cap B)}{P(A)}$$

根據這兩個公式，有：

$$P(A \cap B) = P(A \mid B) P(B)$$

$$P(A \cap B) = P(B \mid A) P(A)$$

且

$$P(B) = P(B \cap A) + P\left(B \cap A^c\right)$$

進而得出全機率公式：

$$P(B) = P(B \mid A) P(A) + P\left(B \mid A^c\right) P\left(A^c\right)$$

因此，

$$P(A \mid B) = \frac{P(B \mid A) P(A)}{P(B)}$$

將這個條件機率公式進行細微的變動，可得到貝葉斯公式：

$$P(A \mid B) = P(A) \frac{P(B \mid A)}{P(B)}$$

貝葉斯公式裡包含貝葉斯推斷的核心思想。

$P(A)$ 是先驗機率（Prior Probability），是事件 B 發生之前，我們對事件 A 的理解和判斷；$P(A \mid B)$ 是後驗機率（Posterior Probability），是事件 B 發生之後，我們根據資訊的更新，來對事件 A 進行重新評估和調整後算出的發生機率。

$\dfrac{P(\text{B}|\text{A})}{P(\text{B})}$ 是似然函數（Likelihood Function），是一個調整因數，可以使經過貝葉斯調整後事件 A 發生的機率更真實可靠。

可以透過這三點清晰地看出貝葉斯的核心思想其實就是一個預判+資訊更新和調整的過程。先預估一個「先驗機率」，然後根據得知資料後的結果來看看這個實際的過程到底是增強還是削弱了「先驗機率」，調整後得到更精確的「後驗機率」。

如果 $P(\text{B}|\text{A})/P(\text{B})>1$，意味著事件 A 發生的可能性經後驗調整後變大；如果 $P(\text{B}|\text{A})/P(\text{B})=1$，代表 B 事件的發生對判斷事件 A 的可能性的調整毫無作用；如果 $P(\text{B}|\text{A})/P(\text{B})<1$，代表事件 A 的可能性變小。

【自拍棒和藍牙耳機】

熱鬧的年會中當然少不了簡單的助興遊戲來活躍氣氛。小李在一個古老而又永遠不會過時的搶凳子遊戲中勝出成為「凳子王」，因此獲得了一次抽獎的機會。

有兩個一模一樣的抽獎箱，裝滿獎券，獎券上有對應的獎品。抽獎箱 A 裡有 30 個自拍棒和 10 個藍牙耳機；抽獎箱 B 裡有 20 個自拍棒和 20 個藍牙耳機。

現在小李隨機地選擇一個抽獎箱，從裡面抽出一張獎券，發現是自拍棒。

請問，這個自拍棒的獎券來自抽獎箱 A 的機率有多少？

設 A、B 分別為選中抽獎箱 A 和 B 的兩個事件。因為兩個抽獎箱從外在的視覺效果上來看幾乎沒有任何差別，所以可以認為兩個抽獎箱是一樣的。因此：

$$P(A) = P(B) = 0.5$$

也就是說，抽出獎券之前，這兩個抽獎箱選中的機率相同。這是先驗機率，代表在沒有進行「抽獎」這個實際的舉動之前，對這兩個抽獎箱的一個預判。

接下來，用 S 表示抽到的是自拍棒這樣一個事件。上述問題就轉化成為在已知 S 的條件下，求來自抽獎箱 A 的機率有多大，即計算 $P(A|S)$，是抽到自拍棒這個事件發生後，對 $P(A)$ 的一個修正和調整，也就是後驗機率。

用條件機率的公式，可以得到：

$$P(A|S) = P(A)\frac{P(S|A)}{P(S)}$$

已知，$P(A) = 0.5$，$P(S|A)$ 為從抽獎箱 A 中抽取自拍棒的機率，是 0.75，根據全機率公式：

$$\begin{aligned}P(S) &= P(S|A)P(A) + P(S|B)P(B)\\ &= 0.75 \times 0.5 + 0.5 \times 0.5\\ &= 0.625\end{aligned}$$

代入貝葉斯公式得到：

$$P(A|S) = 0.5 \times \frac{0.75}{0.625} = 0.6$$

說明把更多的資訊考慮進去加以調整之後得到的後驗機率是 0.6。將小李抽出的獎券是自拍棒考慮進去之後，來自抽獎箱 A 的可能性就增強了。這非常符合人們的邏輯。

當然，這個小小的例子只是從貝葉斯公式的角度來說明貝葉斯的核心思想。在當代，電腦的快速發展使得貝葉斯這種依賴於電腦的學科以迅雷不及掩耳之勢發展起來。儘管，還存在著一些爭議，一些頑固地堅守著傳統頻率統計學的學者並不買帳，但是依舊不能妨礙貝葉斯贏得越來越多的關注。頻率學派是指堅持機率的頻率解釋的統計學的學派。

貝葉斯挑戰傳統，備受質疑的焦點問題在於先驗分佈。貝葉斯學派認為先驗分佈可以是主觀的，可以在一定的範圍內彈性選擇的，它沒有也不需要有頻率解釋。而頻率學派則認為，先驗分佈的選擇有時不具有客觀性，太過依賴主觀經驗和意識，過去的經驗和理論很有可能是錯誤的。

另一種批評的聲音就是，貝葉斯解決問題的核心思路完全依賴這個章節重點陳述的貝葉斯公式，遇到任何問題，都是以各種形式套用這個公式。這就導致思維的僵化和缺乏對事物進行深入的、思辨的分析。而貝葉斯學派卻堅持說，貝葉斯方法對統計推斷問題給出程式化的解決模式是優點而非缺點，因為它免除了尋求抽樣分佈這個困難的數學問題，而且並不是機械地套公式，而是要求人們對先驗分佈等作大量的選擇。

兩個學派的爭論並沒有停止，而且大有愈演愈烈的趨勢。兩大陣營的堡壘都很堅固，都有一些「鐵粉」。筆者很期待二者進一步的爭論，那將帶來學術界又一個欣欣向榮的春天。

來自星星的統計陷阱

來自星星的都教授以一種完美的形象深深烙印在廣大女影迷的腦海裡，因為他總是如及時雨一般出現在千頌伊需要他的每個瞬間。

統計學這門學科容易使人走入極端。一部分人對其十分不屑，另一部分人則是奉其為「都教授」的盲目崇拜者。可這個來自星星的「都教授」真的百分之百可靠嗎？

著名統計學家克萊默在《統計資料的真相》書中曾說到：「人們常常會使用統計學來支撐自己的立場，而不是反映真實情況。」一旦統計學淪為支持個人立場的工具，它就不再中立、客觀、真實、合理。

【被黑的統計機構】

在中國備受爭議的統計局可能應算作政府機關中口碑最差的 TOP 10。有一個笑話曾這樣講：哪裡有旱情，哪裡缺水，就去找統計局，他們那兒水分最大！這當然是一種誇張的修辭手法，但不能否認其所影射的社會現象。

不少統計機構並非不知道不科學的統計方法、沒有總體代表性的樣本會導致結果失真，但因為背後的立場或者利益驅使，使其不可避免地帶有一定的傾向性，實質上成為宏觀調控的輔助工具。就像讓廣大老百姓聞之色變的「房價問題」。政府曾三令五申地調控房價，可往往雷聲大過雨點。政府在意的是政績，是面子。發佈的資料的真實性是其次，穩定市場和市民情緒才是第一位。

這種情況下，無論統計局還是別的政府機構，想要做到尊重資料本身，想要做到不「粉飾太平」都是很難的。

許多統計機構經常被黑，尤其是線民吐槽，躺著也中槍的事情也時有發生。是不是「國外的月亮分外圓」？就算是相對公開、公平、公正的國外的統計機構，他們做出的統計結果是不是會更加正確呢？

以問卷調查為例。問卷調查，特別是國家級別的問卷調查中又存在著怎樣潛在的陷阱呢？讓我們一同「穿越」回到上個世紀 40 年代的美國。

有一年，美國總統大選前夕，某受眾很廣的知名雜誌進行一次民意調查。根據 240 萬份問卷調查的結果，該雜誌預測民主黨的羅斯福即將以 43% vs. 57%的劣勢敗北於和共和黨蘭登的競爭。240 萬份抽樣問卷的數量無論在今時今日的中國，還是當時當地的美國來說，都是一份十分龐大的樣本，按理說，會得出十分可靠、穩定的預測結果。

可是事情的結局卻出人意料。羅斯福獲得 62% 的支持率從而連任總統的寶座。這個「意外」的後果使這個之前口碑極好的雜誌一落千丈，最後支撐不住關門大吉。

問題的癥結出在哪裡？其中暗含的統計學陷阱又是什麼？

第一，調查的對象是雜誌的購買者，而購買雜誌的人在政治上很可能表現出某種一致的傾向；第二，在雜誌的受眾中，參與問卷調查的並非全部，而這些參與的人都是對政治選舉這些話題非常感興趣的一部分人，而忽略了那些對政治不敏感、不感性的人的意見，使得樣本有偏；第三，問卷的回收率不到三成，嚴重的不回應率（Non-Response Rate）使剩下七成以上的人的意見被忽視；第四，這個雜誌社除了隨雜誌寄出紙質問卷調查的方式之外，還採取了電話調查的方式，但是在上個世紀四十年代，電話還是一種奢侈品，即使是發達的「美帝」也未必家家都能裝得起。這就直接導致透過電話調查這個管道收集來的資訊很有可能代表的是那些更有錢的階層的意見。

這些看似微不足道的因素湊在一起，就產生了很大的影響。雜誌調查的樣本數目雖大，總體代表性卻很差。事情的結果自然也就出人意料。

【統計局的無奈】

雖然說有粉飾太平之嫌的中國統計局從來沒有像發達國家的統計局那樣精益求精地追求統計方法的盡善盡美，甚至為了控制誤差的小數點後面幾位而舉全國統計精英之力，但是，統計上收集資料的誤差，甚至結論的偏差，責任全部都在他們身上嗎？

雖然不能矯枉過正。但事實並非完全如此，還是應該客觀看待。畢竟，他們也有他們的無奈。

不明真相的群眾或許不明白統計局資料調查的方法。他們抽樣的技術都是跟國際接軌，有著嚴格的理論依據和經過科學的設計。當國家統計局統一抽樣方法後，層層傳達到省局、市局、各個調查隊。最終收集資料的重任還是落在調查隊身上。

調查隊的作業方式是深入第一線的入戶調查。而這種方法除了依靠好市民的熱心配合之外，還需要一定的物質激勵手段。中國是二元統計機制，即農村和城市分開統計。比如，要進行常規的城鄉居民可支配收入的調查，就需要城鄉居民配合記帳，把每天家庭的支出情況用統計局發的帳本進行詳細記錄。

為此，城鄉居民會得到一定程度的物質補貼作為激勵。這種物質激勵的手段沒有統一規定，可能是一定金額的現金，或者一定價值的物品。不同物品或者現金吸引來的被調查者的人群或許具有不同的特徵，因為他們具有不同的潛在傾向性。這必定會對結果產生一定程度的影響。而這種因素通常是統計局的調查隊很難去控制或者改變的。

統計局除最常使用抽樣調查的手段來摸清國家的經濟、社會動態之外，每隔幾年還需一次「期末考試」——全國普查。這種普查放在任何國家都是一件興師動眾的事，更何況人口眾多、幅員遼闊的大國，更需要舉全國之力來完成這項艱巨的任務。

一般的，相對抽樣調查來說，普查的結果更可信。因為它不再是用少量的樣本來「猜測」總體，而是切切實實地去摸清楚整體中的每個個體的情況，理論上應該更切實可信一些。但是，統計機構同樣面臨另外一個問題。統計機構的人力資源有限，就算全員出動也無法獨自完成，只能依靠當地的社區工作者或者其他機構的公務員的幫助。

這些人員往往沒有經過專業的統計調查的訓練，在提問技巧和方法上不甚專業。如何對他們普查的結果進行品質控制？這是統計局面臨的另一個課題。他們通常透過抽樣的方法對結果進行控制。而這本身又是一個很龐大的工作量。

如此種種，可以看出統計局的日子並不像廣大網友眼中那樣好過。不過，統計局透過資料的收集、整理、分析來給整個國家的經濟社會發展動態「把脈」，責任之重大可想而知。所以，我們每個公民除了要繼續擦亮眼睛監督統計局保持公正中立的態度、使用科學嚴謹的方法之外，還需要用一個寬容、陽光的心態來看待和配合他們的工作。

【王老吉狀告加多寶】

愛喝涼茶的朋友一定對「王老吉」和「加多寶」兩個品牌如數家珍。而轟動一時的「王加」之戰吸引了相當一部分人的眼球。事情的來龍去脈究竟是怎麼回事呢？

王老吉為什麼改名加多寶？二者是什麼關係？

簡單地說，王老吉是廣藥集團旗下的一個商標，加多寶公司與廣藥集團簽訂了商標使用權租用合約，合約期到 2010 年。原廣藥高管又與加多寶集團簽訂了一個補充協定，延長至 2020 年。但後來查出是受賄情況下簽訂的，故補充協議被判無效。加多寶集團最終失去了「王老吉」商標的繼續使用權。

後來，心有不甘的加多寶公司正式宣佈推出名為「加多寶」的涼茶。從 2013 年 3 月，加多寶公司更是公然打出了「中國每賣 10 罐涼茶，7 罐加多寶」、「全國銷量領先的紅罐涼茶」等廣告語。

2014 年 1 月 10 日，王老吉將加多寶告上了法庭，訴其廣告不正當競爭，在長沙中院第一次正式開庭。加多寶在銷量上涉嫌虛假宣傳，一時不但進入公眾視野，也進入了司法流程。

唇槍舌劍的庭審現場，雙方律師爭辯的焦點就是「中國每賣 10 罐涼茶，7 罐加多寶」這句廣告語。它的資料來源是哪裡？是否真實可信？

加多寶聲稱，廣告中提到的資料來自國家統計局中國行業企業資訊發佈中心的《2012 年前三季度中國飲料行業營運狀況分析報告》。事實真的如此嗎？

加多寶是如何計算的呢？事實真相究竟如何？

2012 年 1 月到 6 月，加多寶公司生產的涼茶大部分都冠以王老吉品牌。若按照上述分析報告，加多寶生產並銷售的涼茶，平均每季度占全國 1 月至 9 月涼茶行業銷售額的 24.32%，2012 年前兩季仍冠名為「王老吉」品牌的占 48.64%，加上統計所顯示的「王老吉」涼茶占 8.9%，共計 57.54%；而加多寶 7、8、9 三個月所銷售的產品主要還是前兩季所生產的冠有「王老吉」品牌的涼茶，因為按照慣例他們銷售的應該還是前幾個月的庫存產品。因此，1 月到 9 月加多寶銷售的主要還是冠名為「王老吉」，而非冠名「加多寶」的涼茶。

綜上所述，即便根據這份統計分析報告的資料，應得出的結論是「全國銷量領先的紅罐涼茶──王老吉」、「中國每賣 10 罐涼茶，至少 7 罐是王老吉」；「怕上火，更多人喝的還是王老吉」的結論。

如果不是王老吉緊追不捨，把加多寶告上法庭。有哪個消費者會對電視上「中國每賣 10 罐涼茶，7 罐加多寶」的資料產生質疑？相信很多人會和筆者一樣深信不疑，以為電視上公佈的資料，終究不會太離譜。其實，消費者在不知不覺中，已經墜入了商家佈下的「統計陷阱」。相較統計局所埋下的統計陷阱，這種陷阱或許更和人們的生活息息相關。更需要消費者擦亮眼睛，不要盲目追從。

「水能載舟，亦能覆舟。」統計學說到底不是自然界所天然賦予的、亙古不變的法則，它只是一套基於人類一定認知水準和一定假設下的方法。如何把它應用到最恰當的地方，發揮它的正能量，其實是有一定彈性的。把握這種彈性的尺度，不僅在於應用統計學方法的人的學識、能力、經驗和視野，也在於使用者有沒有一顆公平、公正的心。正所謂「運用之妙，存乎一心」。

8

大數據，在水一方

大數據巨大的商業價值毋庸置疑。這也是人們津津樂道的最主要的原因。除此之外，大數據還是一種洞察力和決策力，引領著人們從一個混沌的時代走向一個澄明的時代，引領人們更看清自己、世界，以及二者之間千絲萬縷的聯繫。

在這個前進的過程中，並沒有一位智者或者先知能指引方向，全憑著人們的熱情和虔誠的心去探索。似乎是在追尋一位佳人，溯遊從之，道阻且長；溯洄從之，宛在水中央。

洛陽紙貴：大數據思維

「一千個人眼裡有一千個哈姆雷特。」關於大數據，且不說眾多想要趕時髦又自認為學有所長的企業、學者、政府工作人員，就連走在這個行業尖端的大數據專家，也無法提出一個統一的、權威的定義。

大數據時代，是最好的時代，也是最壞的時代。它給人們的生活、工作、思維方式帶來深刻的變革。有的人對這個時代抱著宗教般的崇拜和莫名的熱情；有的人則帶著某種不安定的思索，誠惶誠恐地去擁抱這個所謂的新時代。

大數據是資料、技術和思維三國鼎立的時代。大數據時代產生的物質基礎是網路技術和儲存資料的基礎設施的巨大的飛躍式發展。以前一些不敢想像的技術得以實現，這個時代就在不知不覺中悄然而至。資料，被看作一種資源，像石油、礦產等，擁有它們並能夠妥善開發的人就在競爭中處於更優勢的地位。

大數據從本質上使人們的行為越來越虛擬化。或許在多年前，你對著電腦還可以無盡幻想著坐在網際網路另一端的網友是貌似潘安的帥哥還是姿色驚豔的美女，但現在，這種神秘的想像空間似乎越來越被壓縮。人們的一言一行在被一雙「看不見的眼睛」時刻窺視；人們處處留下痕跡，自己的行為模式、喜好、社會關係無不透露給其他人——我們在不知不覺中「被預測」著。

語言分析、語義處理、圖像和信號處理導致全球資料量每年翻一番。隨著智慧型手機，如江湖地位穩固的 iPhone 和各種價位如雨後春筍般迅速崛起的安卓機的普及，每個使用者在雲端都有幾個 G 甚至幾個 T 的網路硬碟，存著各種各樣的資訊，大到一定程度，根本沒法處理，我們叫作狹義的大數據。

在大數據領域中，眾多專家中的佼佼者，《大數據時代》的作者維克多‧麥爾‧荀伯格（Viktor Mayer-Schonberge）先生曾這樣定義大數據：一個多維、複雜、多源而又高速變化的資料海洋。他強調，不能單純地把大數據理解為資料規模很大。大數據具有著名的 4V 特點，即巨量規模（Volume）、多樣形式（Variety）、高速產生（Velocity）和巨大的潛在價值（Value）。

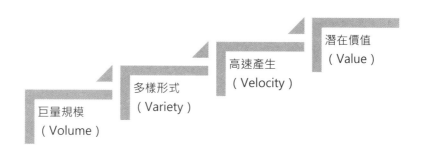

大數據時代，是技術、資料和思維三足鼎立的時代。技術是物質基礎，資料是資源，思維是關鍵。這裡的思維，其實就是指數據資料的思維。

結合大數據的 4V 特點，我們來看看什麼是資料思維。所謂大數據思維，是指要關注資料的全面性，而不是抽樣性。在獲取資料和儲存資料的能力都不是很發達的年代，人們無法觀測總體，只能透過抽樣技術來抽取樣本，從而實現對總體情況的一個估計。而隨著大數據時代的來臨，獲取和儲存資料已經不是問題，人們有能力獲取幾乎涵蓋總體的巨量資料。

海量資料為人們帶來更加全面的資訊，其中包括原來樣本中被遺漏的細節。正如麥爾荀伯格教授在其《大數據時代》一書中所闡釋的那樣：「我們總是習慣把統計抽樣看作文明得以建立的牢固基石，就如同幾何學定理和萬有引力定律一樣。但是，統計抽樣其實只是為了在技術受限的特定時期，解決當時存在的一些特定問題而產生的，其歷史不足一百年。如今，技術環境已經有了很大的改善。在大數據時代進行抽樣分析就像在汽車時代騎馬一樣。在某些特定的情況下，我們依然可以使用樣本分析法，但這不再是我們分析資料的主要方式。」抽樣畢竟是一種間接的方法，是估計，有猜測的成分在，必然會引入誤差；而如果總體可以被觀測，就不需要間接的方法去猜測，訊息量足夠，誤差也會隨之減小。

其次，大數據思維要求人們重視資料的複雜性弱化精確性。在一望無際的資料海洋中，每天，甚至每分每秒，資料都在不斷地更新變化。海量的資訊彌補了不精確的遺憾，讓人們可以弱化對精確的渴求。這較有客觀合理性。一是，在資源有限的情況下，人們無暇既追求量又苛求質；其次，雖然在微觀上可能存在這樣或者那樣的誤差甚至錯誤的資

訊，但把大數據作為一個宏觀的、有機的整體來審視，卻又能提供有價值的資訊。我們要的是一個大的框架，一個模糊而又精確的趨勢的判斷。

這裡的內在邏輯是，以前依賴抽樣，玩的是「以少博多」的遊戲。樣本訊息量相對較少，所以能夠確保記錄下來的資訊盡可能都是精確化的、結構化的。如果不這樣，就不可能發揮「四兩撥千斤」的預期效果，分析出來的結論也會毫無價值，甚至會引起反效果，把決策者引向一條不歸路。

相反，在大數據時代，抽樣時代對資料「精確性」的狂熱追求受到動搖。麥爾荀伯格教授也在他的書中強調，執迷於精確性是資訊缺乏時代和類比時代的產物。只有 5%的資料是結構化且能適用於傳統資料庫。如果不接受混亂，剩下 95%的非結構化資料都無法利用，只有接受不精確性，才能打開一扇從未涉足的世界的窗戶。或許大數據就應該是海納百川的，包容適當的錯誤才能取得更大的回報。

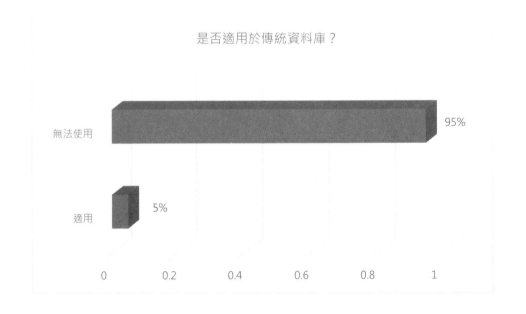

是否適用於傳統資料庫？

麥爾荀伯格指出，大數據的出現讓人們放棄了對因果關係的渴求，轉而關注相關關係，人們只需知道「是什麼」，而不用知道「為什麼」。

大數據時代，資料科學家更關注相關關係而非因果關係。這點或許不是那麼直白。事物之間總是有內在聯繫的，比如，A 總是伴隨著 B 的發生而發生，至於為什麼會這樣，我們不用去在意。而大數據理念，就是透過深入挖掘、解釋事物之間隱蔽的相關性，從而獲得更多的認知，運用這些認知來預見未來。這就是大數據的核心要義所在，也是人們嘗試著看待事物的全新角度。

在大數據時代，傳統的思維模式受到挑戰。這並不意味著這些基於傳統思維的資料分析方法會被迅速淘汰。相反地，在這個嘗試新事物需要付出巨大成本和風險的變革的時代，在未來很長一段時間，傳統的方法都還將繼續發揮很重要的作用。

比如，統計學上的抽樣技術。雖然大數據思維強調完整的資料下的樣本即是總體，但大數據的總體和真正有意義的總體（Population）並不一定能夠完全相符，事實上，在大多數情況下這存在相當大程度的偏差。並且，能夠有能力和財力獲取此大規模資料的公司或者機構畢竟還是少數，抽樣依舊是一個更符合經濟學原理且普遍適用各行各業的方法。

網際網路行業是與大數據最緊密相連的行業之一。它和大數據有著天然的、互為依存的聯繫。

其次是商業智慧（Business Intelligence，BI）、諮詢服務行業、零售領域，甚至醫療衛生、生物科學、交通物流、物理、社會科學等各行各業……大數據正逐漸形成一股變革的力量，跨界相習，引領著變革之路。這股變革的力量催生出資料服務意識，悄然在這些行業興起，反過來春風化雨般地作用於科技、商業、經濟、金融、醫學、教育、人文、政府等社會生活的各個層面。

在商業領域，企業級別的大數據市場，巨頭如 IBM、EMC、惠普、Oracle 基本都是換湯不換藥，用老產品來舊瓶裝新酒，本質上就是資料分析。而像大平台 Google 和社交網站的王牌 Facebook 等是真正大數據的擁有者、宣導者和使用者。

但在網際網路領域，很多事實證明外國企業在決策時或有或無地輕視中國本土需求，認為他們在國際市場上已經獲得的經驗才是最趨近完美的，是不可以輕易被挑戰的。這種不經意的「傲慢」使得他們的決策速度無法跟上當今中國迅雷不及掩耳的快速增長需求，一次次地被比下去、被淘汰，淡出人們視野。以阿里引導的去 IOE 的大趨勢，也體現了在未來移動化和大數據浪潮下更加優先滿足本土化需求的改變。

在新興的大數據處理領域，中外公司幾乎站在同一起跑線。在創新市場領域，大數據技術以開源為主體。就算是 IBM、Oracle 等行業大老，也同樣是集成了開源技術，並且追求和本公司原有產品更好的結合而已，單純考慮狹義的大數據處理技術，如 Hadoop、MapReduce、模式識別、機器學習等，中國和西方世界其實並沒有實質性差距。

前面剛談過，但就大數據「術」的層面，無論是技術還是資料資產的規模，中外的差距微乎其微；但上升到「道」的層面，在資料服務意識上，中外差距就非常明顯。

阿里幾乎完全取代了 IOE 的產品，不僅自己用，而且還透過阿里雲對外輸出。節省 20 億元 IT 開支，像亞馬遜已經把 EC2 和 S3 變成為較大的盈利點。而且阿里現在的處理能力每秒達到 1 億次，超過了四大商業銀行的綜合水準。

此外，很重要的一點不容被忽視。中國人口規模巨大，經濟活躍，這二者都決定了中國的資料資產規模在全球首屈一指。客觀上為大數據在中國的發展提供了一個廣闊的舞臺。巧婦難為無米之炊，沒有子彈再好的軍隊也打不了勝仗，沒有海量的資料也出不了好的產品。中國網際網路領域的領先者，阿里、京東、百度等公司，逐步由原來的客戶需求驅動、成本驅動，變成資料驅動和它們相結合的綜合決策過程。而這個變化的趨勢也將逐步滲透到金融、電信、政府等重要 IT 投入行業中。

上述談到的關於大數據的理論，其目的是在這個大數據一時造成「洛陽紙貴」的潮流下拋磚引玉地給讀者一點背景知識。我們並不知道這股熱潮是很快「退熱」還是持續走高，但懷著對知識不卑不亢的態度終究是沒錯的。來一起看幾個大數據的小例子。

✈【案例 1】罩杯和敗家程度

2014 年夏天，阿里巴巴的資料分析師在對其內衣銷售資料分析後發現了一個很有趣的結果，那就是購買大號內衣的女性往往更「敗家」。

從阿里巴巴提出的資料模型中可以看到，消費水準被劃為了 5 個等級，分別為低、偏低、中等、偏高、高。而模型中採納了由 B 到 E 4 個罩杯的內衣消費者的大數據，結果十分清晰。B 罩杯的女性在由低到高的消費水準等級中，分佈的比例依次為 0%、65%、28%、7%、0%；C 罩杯的女性在以上等級中分佈比例為 1%、21%、61%、12%、5%；D 罩杯的女性同等分佈為 0.7%、14%、61%、18%、6%；而 E 罩杯的同等分佈為 1.2%、13%、53%、26%、7%。

根據資料，可以很清楚地看到，在消費水準偏高和高等級中，消費者的分佈根據罩杯的增長呈現出遞增態勢。而整理資料後不難發現，65% B 罩杯的女性屬於低消費顧客，而 C 罩杯以上的顧客在消費水準上普遍比 B 罩杯女性高一等級，並且出現了高消費買家。

這樣的結果可能是由於多種因素的綜合所導致的，而作為大數據的應用者，很多時候更需要可以以此作為依據而進行戰略部署的結果。而事實上，類似阿里巴巴這樣每天有著上百萬訂單的企業，掌握著非常豐富的大數據資源。2014 年的「雙 11」，阿里巴巴的最高峰訂單交易曾達到了每分鐘 285 萬單，總銷售更是達到了驚人的 93 億美元，這些都足以證明阿里巴巴掌握了巨大的大數據資源。

而阿里巴巴的副主席蔡崇信表示，阿里巴巴對資料的利用率還不足 5%。然而，即使是這不足 5% 的利用率，也使阿里巴巴的資料團隊和營運團隊大大提升了網站的效率。

透過對大數據的分析，阿里巴巴更進一步關注消費者如何進行支付，以及是否在移動使用者端上完成支付。這讓在移動使用者端上落後於對手騰訊的阿里巴巴有機會打開一個新局面，進一步推廣其行動端業務。事實上，不僅中國的阿里巴巴，國際上的大型購物網站，如亞馬遜、日本的 Rakuten 都在利用大數據提高效率。而中國作為擁有最龐大未經充分研究的市場，被認為是世界上最重要的資料市場之一。

阿里巴巴的競爭對手京東在 2014 年「雙 11」也收到了 1,400 萬張訂單。京東的資深國際交流主任 Josh Gartner 表示，當你在一天獲得 1,400 萬訂單資料時，這將對你的策略十分有幫助。這些大數據可以說明京東決定未來的庫存構成並解決許多行銷策略上的問題。或許很多電商、網際網路企業都可以從中得到靈感。

【案例 2】外灘踩踏悲劇

2014 年 12 月 31 日，在這個原本應當普天同慶、歡聚一堂的日子，上海市外灘陳毅廣場發生了一起嚴重的擁擠踩踏事件，造成了 36 人死亡，多人重傷，官方一度難以應對。2015 年 1 月 22 日，有關方面終於發佈了關於上海外灘踩踏事故的原因和處理建議。

根據報導，造成「12・31」外灘踩踏事件的主要原因為如下幾點。

（一）外灘所在的黃浦區政府對新年倒數計時活動變更這一情況未作風險評估。

依照往年的慣例，外灘風景區會舉辦新年倒數計時活動。而今年官方在變更新年倒數計時活動後，沒有對可能存在的人員聚集安全風險予以高度重視。往年為舉

辦該活動，政府會配備的一系列相關安保措施，而今年由於取消了官方的活動，事故當天的安保措施並未得到加強。另外，由於大量市民遊客認為外灘風景區仍會舉辦新年倒數計時活動，加之南京路商業街和黃浦江對岸的上海中心、東方明珠等舉辦的相關活動吸引了部分市民遊客專門至此觀看，致使人員聚集度大幅提升。對此，黃浦區政府在新年倒數計時活動變更時，未對可能的人員聚集安全風險予以高度重視，沒有進行評估，缺乏應有認知，導致判斷失誤。

（二）新年倒數計時活動變更資訊宣傳嚴重不到位。新年倒數計時活動變更後，主辦單位應當提前向社會充分告知活動資訊。但是，直至 12 月 30 日，黃浦區旅遊局才對外正式發佈了新年倒數計時活動資訊，對「外灘」與「外灘源」的區別沒有特別提醒和廣泛宣傳，資訊公告不及時、不到位、不充分。

（三）預防準備嚴重缺失。黃浦公安分局未按照黃浦區政府常務會議要求，在編制的新年倒數計時活動安全保衛工作方案中，僅對外灘源新年倒數計時活動進行了安全評估，未對外灘風景區安全風險進行專門評估。黃浦公安分局僅會同黃浦區市政委等有關部門在外灘風景區及南京路沿線佈置了 350 名民警、108 名城市管理和輔助人員、100 名武警，安保人員配置嚴重不足。

（四）對監測人員流量變化情況未及時研判、預警，未發佈提示資訊：12 月 31 日 20 時至事件發生時，外灘風景區人員流量呈上升趨勢。黃浦公安分局指揮中心未嚴格落實上海市公安局指揮中心每半小時上報人員流量監測情況的工作要求，也未及時向黃浦區委區政府總值班室報告。黃浦公安分局對各時段人員流量快速遞增的變動情況未及時採取有效措施，未報請黃浦區政府發佈預警，控制事態發展。對上海市公安局多次提醒的形勢研判要求，未作回應。

（五）應對處置不當。針對事發當晚持續增加的人員流量，在現場現有警力配備明顯不足的情況下，黃浦公安分局只針對警力部署作了部分的調整，沒有採取其他有效的措施，一直未向黃浦區政府和上海市公安局報告，未向上海市公安局提出增援的需求，也未落實上海市公安局相關指令，處置措施不當。上海市公安局對黃浦公安分局處置措施不當、指導監督不到位。黃浦區政府未及時向市政府報送事件資訊。

調查認定，對事件發生，黃浦區政府負有主要管理責任，黃浦公安分局負有直接管理責任，黃浦區市政委負有管理責任，黃浦區旅遊局負有管理責任，黃浦區外灘風景區管理辦公室負有管理責任，上海市公安局負有指導監督管理責任。

在事故處理建議中，上海市方面從行政程序和手段的角度出發，分析了造成踩踏事故的行政失誤，並建議處分黃浦區區委書記和區長等若干官員。但從未來城市管理的發展角度看，引入大數據智慧分析與視覺化監測等尖端技術，提升智慧城市的自動化管理水準，對複雜系統的指揮控制採用更多現代化的平台與工具更是必要。

在此，可以透過一份百度研究院大數據實驗室的分析報告，對外灘踩踏事故發生的背景、資料作多角度的分析與透視。根據這份報告可以看到，如果事故當時黃浦區公安局的監控室裡可以有這樣的即時監控資料，這樣的悲劇實際上是可以被預警的。換句話說，如果這樣的大數據分析平台能夠在各地政府得到廣泛運用，那麼悲劇很可能不再會發生。有了資料分析監測系統，人們可以安心參加各種大型慶典活動，而不必擔心事故的風險。建設智慧科技與大數據分析平台，可以讓城市更美好。

上海外灘踩踏事件發生之後，許多熱心民眾及各路專家學者，紛紛透過媒體對此事發表了意見，希望能找到事故的真正原因，避免悲劇再度發生。

秉承「以資料說話」為理念的百度研究院大數據實驗室（Big Data Lab，BDL）基於百度數據與大數據智慧分析技術，嘗試對當時的情況進行資料化描述，得出了一些非常可貴的參考意見。

【案例 3】大數據和途牛網

陳友義，現任途牛網資料分析總監，曾在支付寶、麥包包及知名資料採擷服務公司任職，有著豐富的資料分析與資料採擷專案經驗，尤其對網際網路資料分析有著豐富的經驗，在資料分析技術交流分享會上，他為我們詳細地展示了途牛大數據平台的系統架構，其中包括如何採集高數量級數據，以及如何儲存和清洗這些資料，並且進一步展示了如何在大數據層面，透過對於需求的理解及資料模型建立以達到精準的行銷推薦效果。

陳總在這次資料分析技術交流分享會上，將整個展示過程側重於兩方面：一、途牛大數據基礎平台；二、途牛大數據應用。想要對途牛大數據進行案例分析，首先必須要充分瞭解途牛大數據平台的基礎架構。而後，透過對整個平台的具體運行方式進行分析，再結合途牛大數據的應用，才能充分透徹地對其進行案例分析。

首先，途牛大數據採用非常經典的資料金字塔框架。簡單來說，這樣的資料金字塔框架分為 5 級：最底層的是基礎資料平台；然後，在資料平台的基礎上製作資料報表並且對其進行視覺化處理；接著便可以在資料報表的基礎上再進行產品與營運分析；有了分析結果之後，對其進行歸納整理，資料產品就產生了；最後，營運者可以根據資料產品改變相應的戰略。資料金字塔的框架看起來十分清晰、簡單，但是事實上在運作過程中卻十分複雜。那麼，究竟是什麼原因導致大數據的處理如此複雜呢？這就需要讀者對大數據平台技術框架具有一定的瞭解之後才能體會。

既然如此，在這裡就不得不簡單介紹一下大數據平台技術框架。資料的來源分為三個部分：一是 MSDB，二是日誌檔，三是串流檔案。這三者分別以資料庫、離線檔案和資料流程的形式進入採集平台。這個採集平台集合了即時採集引擎、即時傳輸引擎、即時分發引擎及資料容錯引擎，將資料整合後傳遞到實施資料平台和離線大數據平台。即時資料平台透過即時計算和儲存引擎將上一步所得的資料處理後再傳遞到途牛應用平台，這樣就能在途牛應用平台的即時推薦系統、即時定價系統、客戶行銷系統、銷售預測系統、語音挖掘系統中有所體現。而離線大數據平台則透過處理引擎、計算引擎、儲存引擎將資料整合到途牛查詢平台，並且在其 KPI 系統和自訂報表系統中體現。這幾個平台就是途牛所採用的 TCO 平台，也就是資料寫作平台，形成了途牛的大數據平台技術框架。

途牛的大數據應用業務又分為三大模組。其中，語音挖掘系統、銷售預測系統、產品價格預測系統、即時推薦系統統稱為資料採擷模組。BI 門戶和自訂報表，以及網站流量分析系統、業務主題分析報表、精準行銷系統、指標監控系統、決策支援系統、即時分析系統則屬於資料應用模組。而最重要的資料核心層包括流量資料處理模組、訂單資料處理模組、客戶資料處理模組、無線資料處理模組、語音資料處理模組及其他模組。資料核心層又稱為資料處理模組。

大數據驅動營運

大數據的商業價值主要展現在對企業營運的驅動層面上。這展現在企業管理的各個層面。理論化地總結起來，就表現在下面這個最著名的大數據企業營運應用金字塔模型上。

戰略分析

業務經營分析

業務市場傳播：資料視覺化
及視覺化傳播

精細化運營與行銷：

CRM，推廣管道品質評估及防作弊措
施，個性化推薦，用戶生命週期管理

用戶洞察與體驗優化：用戶洞察，口碑檢測

業務運營監控：業務異常智慧分析，路徑分析，金字塔
體系，資料體系

資料基礎平臺：使用者畫像，資料接入、管理、調度

這個金字塔模型包含 7 個層次，從上到下依次是戰略分析、業務經營分析、業務市場傳播、精細化營運與行銷、使用者洞察與體驗優化、業務營運監控和資料基礎平臺。這是一個最基本的模型。在這個基礎上，企業可以根據其具體情況和所面對的客戶作進一步更符合自身需求的調整。

TOP and second levels：戰略分析和業務經營分析。這是最高層次的應用，涉及方法論。擁有大數據資產的企業有著中小傳統企業無法比擬的優點，無論硬體、技術、理念還是人才方面。資料更新的速度極快，每小時更新甚至每分鐘更新，產生的資料量極大。傳統企業的戰略分析、經營分析一般按周或者按月來計算、統計。此外，資料來源更多、更雜，很多是非結構化的資料。這些企業透過對這些即時資料的深入挖掘來獲得更多的洞察力，以便於為決策提供更可靠的支援。不過，在實踐中，還有著很多誤解，需要格外注意。

第一，有一些企業錯誤地把下面幾個層次的「使用者洞察與體驗優化和業務營運監管」上升到這個最高的經營分析和戰略分析的層次來實施。因為，「使用者洞察與體驗優化和業務營運監管」這個層次可透過電腦、演算法和資料產品得以實現，是較低的層次；而戰略和經營分析則需要人力來完成，實現的好壞依賴於人的經驗、智慧、決斷力、洞察力，甚至取決於外部環境的變化。把該由機器做的事情交給人來做，不僅可能引入人為誤差，還浪費人力，導致效率低下。

第二，有些企業過分迷信資料分析的作用。在很多瞬息萬變的領域，例如網際網路領域，戰略層面的抉擇是非常主觀的，依賴於決策者敏銳的判斷力和果敢的商業智慧。資料很難預測大的方展方向。騰訊當年選擇微信的時候是依賴於大數據的挖掘和分析嗎？產品經理恐怕會笑而不語。或許，那只是靈光乍現的一個瞬間所作的決定。

Third level：業務市場傳播。資料分析也可以輔助市場傳播。很不可思議吧？筆者在遊戲發行公司的老闆一直在催著筆者做資料視覺化。他是一個有見地、有追求的人，在遊戲這個領域中可謂鳳毛麟角。他一直強調資料視覺化就是滿足人們懂的權力——「The right of understanding 」。

透過製作有趣而又具有豐富內涵的資料資訊圖來達到「吸睛」和引起廣泛傳播的目的。資料公司中國網際網路路資訊中心（CNNIC）2014 年的資料表明，10～29 歲的網民占所有中國網民的 55%，而這些使用者相對年輕，更偏好火爆的內容。例如，某電商平台曾經透過統計其購買 C 罩杯以上的胸罩使用者地區分佈的調查，發現西安的網民這個比例最多。電商平台並發佈了這一有趣的資料，暗示西安女性身材火辣，引起網民廣泛流傳。

透過提供資料視覺化產品來讓資料更加生動、親切。某網際網路地圖服務商基於其位置定位的資料，向人們展示了春節期間的春運出行熱度圖，網民可以在動態的出行熱度圖上查看某一時刻某地的人口遷入、遷出線路情況。甚至具體到不同的交通工具，如飛機、汽車、火車等不同交通工具出行的熱度對比。這樣簡單實用又和民生貼近的視覺化產品受到社會、媒體和人民群眾的廣泛關注和喜愛。

Forth level：精細化營運和行銷。這一層主要的目的是透過大數據驅動企業進行精細化營運和行銷。這主要透過如下幾個方面來實現。

第一，透過設定一定的條件（如選擇性別、年齡、職業等）把使用者資料篩選出來，用於營運。

第二，建構客戶關係管理（Customer Relationship Management，CRM）。不光要整合企業內部資料，還要整合外部資料，用於給留存使用者貼標籤，掌握不同類型使用者的價值，挖掘潛在使用者，根據不同類別使用者的個性化特點制定不同的行銷策略。

第三，透過資料採擷正向刺激行銷活動。透過資料採擷，如邏輯迴歸、決策樹等，有效地提前識別最有可能回應行銷活動的使用者，或者挖掘潛在可能的使用者，以此來提高活動效果。

第四，監控管道推廣效果，建立防止作弊的有效機制。透過資料手段實現對管道推廣效果的即時監控，及時調整預算、廣告投放、推廣活動和策略等，控制成本，最大化投放效果。與此同時，建立管道作弊的報警機制，提前防堵可能的作弊行為。

第五，客戶生命週期管理。按照資料採擷的結果，刻畫客戶生命週期。針對處於不同生命週期中的使用者實施不同的行銷策略，最大化行銷效果。

第六，實現客戶個性化的推薦機制。拒絕「千人一面」的推廣方式，深入挖掘客戶的個性化需求，根據需求推薦產品或者服務，以謀求資源的合理配置和推廣效果的最大化。

Fifth level：使用者洞察與體驗優化。透過分析大數據來研究客戶行為及其偏好，以此來調整企業戰略和行銷方案，以達到優化使用者體驗的目的。這裡所應用的大數據分為結構化和非結構化兩種。結構化可以簡單理解為企業的常規資料，通常是 Excel 表格中的資料；非結構化的資料來源比較雜亂，資料呈現形式也比較混亂，如網誌、微博、論壇等。

Sixth level：業務營運監管。這就像一個體檢機制，時刻檢查人體的健康問題。身體已出現問題，就會發出預警，應及時得到醫療和診治。這個資料驅動的營運監管機制也能夠及時發現企業經營中的潛在問題，並迅速定位，及時解決，把損失降低到最低。可透過如下途徑來實現。

第一，整理企業資料體系。單單依靠資料分析人員很難完成該項工作，必須得到具體業務人員的專業意見。特別是對關鍵變數和 KPI 資料的理解、分析和整理。以遊戲中的活躍玩家為例，假設某個遊戲的 DAU（Daily Active User）量開始下跌，這是什麼原因引起的呢？這要拆分到具體的資料去看，比如從新老玩家的構成比例、玩家品質、管道推廣價值和推廣力度等各個維度進行梳理、考察。

第二，監管異動產品。這就需要資料視覺化清晰展示資料結構和資料間的聯繫，還需要透過合理的演算法對異常值進行準確定位。此外，需要一個通報機制，把異常結果回饋到相關人員手裡，讓他們能夠準確採取下一步行動。

Bottom level：資料基礎平台。這就像一個國家的基礎設施建設，像道路、通訊、水利和網路等，雖然是基礎，卻發揮著難以取代的作用。沒有高品質、清晰、結構合理、易於提取的資料，上述六個層次的任務都無法實現。一個不重視基礎設施建設的城市，建起再多富麗堂皇的建築，和人民休戚相關的民生也無法得到保證，一場大雨照樣造成「看海」的悲劇。同樣，一個不重視資料基礎建設的企業也無法在激烈的競爭中走得更長遠。

【案例】DataEye，資料驅動手遊營運

在遊戲行業，有這樣一個年輕的團隊，一個創新型公司，專注為互動娛樂產業提供相關的資料採擷服務。初創團隊全部來自騰訊遊戲及資料部門，是一群對遊戲、對資料有著無限熱情和夢想的年輕人，有著非常豐富的遊戲行業和資料分析經驗。

這就是成立於 2013 年 9 月的深圳慧動創想科技有限公司。其立志成為國內最優秀的以資料驅動遊戲營運，引領遊戲行業整體發展水準的專業型公司。其開發的 DataEye 是一個專門針對遊戲的協力廠商資料分析服務平台。透過專業的遊戲營運資料分析，說明遊戲開發商、營運商、發行商更好地優化產品和服務，增加利潤。

遊戲行業，特別是手遊，在中國近幾年才有了一個爆發性的成長，出現了很多一夜暴富的土豪。不免有一些草莽氣息，無論是管理還是營運都有待提高。而提到遊戲資料分析，很多遊戲公司沒有一個系統的概念，或者沒有專業成熟的方法。這和以資料分析見長的國際知名的大公司，如 Zynga，有著巨大差距。

隨著遊戲行業競爭日趨飽和和行業整體的日益成熟，精細化營運越來越重要。而伴隨著大數據成為社會的一種潮流，全社會的資料意識都在覺醒，技術不斷變革，海量資料儲存盒計算不再是難題，資料分析的門檻不斷降低，中小型公司也可以實現資料驅動遊戲營運。深圳慧動創想 CEO 王祥斌強調，在資料分析方面，國外比國內起步更早，資料分析已經和大數據密不可分，積累多，社會認可度高，也更受資本關注。

在發達國家，資料分析已經形成完整的產業鏈，而不是零零碎碎的小型作業——從資料清洗、資料儲存到即時監控三個環節的產業明確分工。相形之下，國內的資料分析行業剛處於萌芽階段。國內目前僅有三家資料分析公司，北京的友盟、Talking Data 和深圳的慧動創想。而其中專注於手遊資料分析的僅有深圳慧動創想一家。剛萌芽的行業意味著更多的市場機會。

在遊戲行業資料驅動的典型代表是 Zynga，從立項、評審、策劃等幾乎一切過程都需要資料支撐。不知道是不是因為對資料過於狂熱的追求，最後導致了 Zynga 的遊戲因缺少創意而沒落。畢竟遊戲屬於和藝術沾邊的娛樂產業，資料不能取代創意，理性分析不能取代靈感。Zynga 中國分公司於 2015 年 2 月 11 日宣佈正式解散。這個消息一出，令不少業內同行頗有英雄末路、美人遲暮的唏噓感慨。

對於發展相對比較成熟的網遊來說，很多大廠商對資料分析已經相當熟悉。但是，手遊的爆發頗有「忽如一夜春風來，千樹萬樹梨花開」的事態，迅速催生了資料分析市場需求，也帶來很多問題和挑戰。DataEye 平台在上線一個月以內，就接入 30 款手遊，覆蓋移動終端 2,000 萬以上。讓王祥斌苦惱的是開發者的意識。手游開發者中小團隊偏多，大多拍腦袋決策。他希望透過提供免費服務讓中小開發者嘗到資料驅動營運的甜頭，從而提高其資料意識，這顯然對整個行業素質的提高很有好處。

當然，這一切都是在保證開發者安全的前提下進行的。這也是廣大遊戲開發商最深切的顧慮。第一，如果作為商業機密的關鍵資料洩露，公司將面臨巨大危機；第二，遊戲玩家的隱私被洩露，開發者也不再具有行業公信力，傾覆也是早晚的事。

王祥斌坦言，這兩點他們也都認真考慮過。但截至目前國內外都沒有完美的解決方案。慧動創想的做法是簽訂協定，此外，加強避免攻擊的常規技術手段，不主動搜集資料，而是由 CP 決定分析哪類資料。

隨著手遊在中國的繼續成熟，資料驅動營運也將越走越遠、越走越好。

商業智慧：決策者的錦囊

商業智慧又稱為商務智慧（Business Intelligence，BI）。

可以簡單地認為，商業智慧是對商業資訊的收集、管理、分析、推論的過程，目的是使公司的各級決策者獲得資訊和洞察力，可以作出更有價值的決策。所以，商業智慧的本質是一種企業的解決方案。

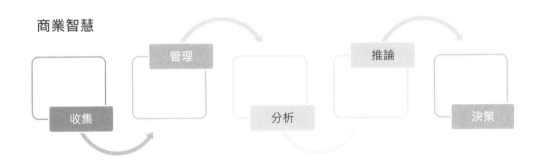

商業智慧

收集　管理　分析　推論　決策

當代社會，大部分中大型的企事業單位已經建立了比較完善的 CRM（Customer Relationship Management）、ERP（Enterprise Resource Planning）、OA（Office Automation）等基礎資訊化系統，或者被統一稱作線上交易處理（Online Transaction Process，OLTP）。有了這些系統，企業工作人員就可以透過電腦操作，實現對資料庫進行增加、刪除、調整等操作。

透過線上交易處理系統的運行，企業會積累大量資料。海量資料本身是分散的、抽象的、雜亂的，甚至是沒有意義的。如果解讀這些資料，把資料轉化成有用的資訊才是關鍵。否則，決策層可能參考一大堆的資料去輔助決策。

企業如何把資料轉化成資訊和知識呢？BI 基本是從三個層面上得以實現的：最低端的 BI 是報表系統，多數大中小型企業都在應用；中端的 BI 是資料分析；高端的 BI 是資料採擷。我國的大部分企業都還是停留在商業智慧的低端實現上。

報表系統有著不可替代的作用，但也存在著很多限制。報表提供的資料豐富，但資訊骨感。特別是決策層，不可能對著一張張 Excel 表格去一一核對資料。他們在意的只是業務是好了，還是壞了。此外，報表提供的都是表面上的、最初級、最原始的資料資訊。而僅僅透過報表人們對隱藏在背後的內涵知之甚少，需要深入挖掘。

通常來說，資料採擷（Data Mining）是指來源資料經過清洗和轉換等成為合適的資料集。基於這些資料集再來完成知識的提煉，最後再用於進一步分析決策工作。也就是說，資料採擷是從特定形式的資料集中提煉知識，用於預測、支持決策的過程。

「你不可能管理那些無法評測的東西。」理解了這句話，或許也就理解了商業智慧的真正價值。

【案例】廣告業的商業智慧

廣告公司行銷與銷售部門商業智慧分析主要圍繞他們日常的工作內容展開，BI 分析主要從廣告、客戶、媒體等資料綜合考慮，對具體情況進行分析，迅速定位問題，回饋市場和銷售目標的完成情況。簡要概括如下表所示。

BI 分析視角	具體內容
BI 分析內容	客戶發展、合約簽訂、收入目標達成及合約收款進度和達標情況。 合約執行情況，廣告實際刊登情況分析和常規財務分析。 刊登廣告的媒體的銷售情況，版面位置及版面利用情況。 人員結構、業績考核及成本核算，包括客戶發展數量和程度、合約簽訂數量及績效考核。 宏觀情報分析。採集分析廣告市場資料、行業發展資料及競爭對手資料。
BI 考量指標	版面：版面數、版面利用率、單價、製作費、合約數、合約金額、刊登次數、銷售額、合約應收款、合約已收款、客戶數量等，以及以上指標的各種計畫目標和目標達成率。對以上全累加或半累加的指標，還有月度值、季度值、年度值、本年累計值等。
BI 分析維度	時間：年度、季、月、雙週、單週等，甚至一天內的具體時段（比如電視廣告檔期）。 地域：管理區域與行政區域的結合，包括銷售大區、省份、城市等。 媒體：媒體的類型、版面數量、規格、發行管道、頻率及數量等。 客戶：客戶級別、行業、公司規模、經營性質、上屬集團、關鍵連絡人等
BI 分析方法	對比分析：選定的刊物、讀者群、讀者回饋、性別、區域等方面。 趨勢分析：月、季、年度收入走勢，同比環比等。 比重分析：區域、性別、職業等客戶屬性。 其他：客戶生命週期分析、財務分析等。

市場智慧：商業智慧的衍生智慧

現在除了 BI 的概念，還悄然興起另外一些相關、相似而又不完全一樣的概念。

例如，市場智慧（Market Intelligence）。它的特點是結合抽樣、靜態分析，目前單資料來源是主流，但隨著大數據普及，未來的市場研究的趨勢是整合多資料來源。

市場智慧是基於市場研究的一個衍生概念。而市場研究在實踐中包羅萬象：上到品牌和傳播，下到產品管道；研究方法也分為定量、定性；隨著網路和手機行動端的發展，網路輿情和口碑檢測也成為市場研究不可或缺的一個部分，而這部分和大數據緊密結合。

在大數據時代的背景下，市場智慧的研究也有著很多可以優化的部分。

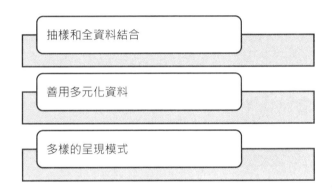

抽樣和全資料結合。如何把握二者結合的比例和節奏，是一門藝術。像收視率的調查，是透過抽取某些家庭中安裝的電視收視檢測儀，然後估算總體的收視率來實現的。在傳統的電視媒體的技術手段下，這樣的抽樣是最經濟有效的最優選擇，因為在每家每戶安裝檢測儀的成本會太高也不現實，更沒有必要。試想一下，如果網際網路電視足夠普及，每個家庭的收視情況都可以隨時被監視而不需要付出額外太多的成本，在這種情況下，已經有了總體，就不需要抽樣了。

但技術的發展和普及，以及產業的整個升級過程都需要一個漫長的等待的過程。在這個微妙的節點上，舊的技術不會完全被淘汰，新的技術也不能立刻普及。二者需同舟共濟一段時間才能夠勝利到彼岸。

除技術層面的掣肘外，在生產生活中還存在大量無法透過網路獲取的資料。這也需要抽樣的方法來調查。特別是在測量消費者態度方面，有著非常主觀的資料，如品牌知名度，客戶態度和滿意度，客戶偏好等。這些資料的調查是一個主動的過程，很難自動化採集。

善用多元化資料。借鑒 BI 系統對多來源資料處理和應用的思考方式，市場研究人員將多個來源的資料進行匯總、清洗和整理之後，變成一個整合過的資料集，然後再進行統一分析。

客戶在社交媒體上的自我展示和互動，催生出越來越成熟的社交媒體分析方法，這就為市場研究帶來更豐富多彩的素材。比如在客戶滿意度調查中，如果採取的是問卷調查或者電話調查的方式，被調查者迫於時間壓力或者面子原因，不願意過多表示自己的不滿意，所以這種方式收集來的不滿意占比通常較小，而且也沒有太多具體意見。

相反地，在微博或者各類論壇上，消費者卻能無拘無束地盡情「吐槽」。如果做市場調查的人員能夠在這類媒體上長期「潛伏」，就會收集到很多生動的、第一手的使用者體驗。其中包括客戶親身體驗的各種品質問題、奇葩服務、產品潛在缺陷等。這些資訊對於摸清市場動態，調整自身策略，改進產品品質和優化使用者體驗都是十分寶貴的。

隨著智慧手機的普及程度越來越高，各種 APP 提供了豐富的手機拍照、地理定位等功能。透過這種方式也會為企業提供大量使用者相關的市場資料。

除了網路資料，問卷調查資料、傳統業務資料和財務資料、人口、經濟宏觀資料都十分重要，只有把這些都有機地整合在一起，才能夠獲得最深刻的洞察力。

多樣的呈現模式。傳統的市場研究結果展示多以 PPT 的靜態模式來呈現，而在市場智慧實現的發展趨勢是去 PPT 化，以靈活多樣的、靜態的、視覺化的效果來呈現研究結果，讓更多的人有能力理解。

傳統的市場研究結果的展示，通常是市場研究人員給客戶做一個 PPT 報告，參會人員聽報告、提問題，然後就算專案結束。如果這份 PPT 要在不同部門或者領域流通，還需要略作修改，然後發過去。

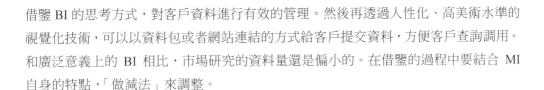

借鑒 BI 的思考方式，對客戶資料進行有效的管理。然後再透過人性化、高美術水準的視覺化技術，可以以資料包或者網站連結的方式給客戶提交資料，方便客戶查詢調用。和廣泛意義上的 BI 相比，市場研究的資料量還是偏小的。在借鑒的過程中要結合 MI 自身的特點，「做減法」來調整。

有一些資料產品已經在上述方面得到了很多成功嘗試的經驗，比如艾瑞的網際網路監測產品、多家公司的生活形態資料庫等，都將資料做成了可以動態分析和視覺化的工具。

總而言之，在市場智慧（MI）實現的過程中，可以充分借鑒商業智慧（BI）的特點來拓寬思考方式。「他山之石可以攻錯。」做好這些，就能完成從市場研究到市場智慧的完美蛻變。

消費智慧：當資料成為一種服務

商業智慧（BI）使得企業透過收集資料來支援決策。而另一個相似的概念，消費智慧（Consumer Intelligence，CI）是指把資料分析作為一項服務由企業提供給消費者，支援消費者的消費決策。

消費智慧被認為是大數據時代一個極其重要的發展趨勢。消費智慧（CI）得以發展的基礎是商業智慧（BI）的廣泛應用。大多數使用 BI 系統的企業，資料意識崛起，資料基礎設施建設得到充分重視。但不同的是，BI 強調資料是企業內部資產，用於企業內部的決策支持。但在 CI 的角度，資料不僅僅可以供企業內部使用，也可以作為一種服務向外部提供。這就是資料服務。

這樣的資料服務有著極其廣泛的市場需求或者潛在需求。風靡全球的 Linkedin（中譯：領英）就是基於資料提供創新服務的典型企業。把客戶需求分析作為核心，以完整的大數據系統為著眼點，以大數據採擷方法為著力點，Linkedin 最終成長為全球最大的職業社交網站。

Linkedin 透過網站為註冊使用者推薦工作，把有相似職業需求或者聯繫的人連接在一起。如今，Linkedin 正打算把這種從資料中獲得的洞察力作為一種服務提供給客戶。Linkedin 的國際資料服務主管正計畫發展一項基於資料的客戶自助服務，透過關鍵利益相關者提供資料來支援他們為自己職業發展作決策。Linkedin 的這項業務對於消費者來說意義重大。透過資料，求職者可以科學決策對自己的未來如何「下注」。

既然消費智慧有著如此廣闊的市場前景，那麼企業，特別是已經擁有企業智慧的企業如何實現向消費智慧的華麗轉型呢？

對於已經應用 BI 的企業來說，這並非難事。

基於 BI 下的資料庫，企業可以開發一些應用或工具，支援終端使用者行為決策，而使用者使用這些工具時，企業也會得到相關資料的回饋，反過來用於重新優化產品和服務。所以說，CI 形成了企業透過資料與客戶良性互動的全新模式：消費者從中獲得資料服務，得到切實實惠；企業透過提供這種服務穩固客戶關係，提高客戶忠誠度。

相對成熟的歐美市場上，最先使用消費智慧（CI）的行業是金融業，如加拿大皇家銀行，他們實現從商業智慧（BI）轉向消費智慧（CI）的轉換只需要約 3～4 個月的時間。

而在中國，最先使用消費智慧的企業是誰？答案或許很意外：是中國郵政。中國使用者可以透過中國郵政的網路追蹤查詢自己的包裹在哪裡，處於什麼狀態。在這個過程中，客戶所進入的資料倉庫，就是中國郵政具有商業智慧的企業資料庫。中國郵政其實就是為客戶提供資料服務。當然，這個模式也是複製國外的郵政系統。不過，這還是消費智慧比較低端的實現例子。

此外，智慧手機的迅速發展和消費智慧的普及也息息相關。當今社會，移動技術的廣泛應用徹底改變了企業的價值鏈。特別是手機行動端使得電子商務會進一步演進變成移動商務。人們的各種資訊（如位置、消費模式和偏好、社交關係網、信用資訊等）都緊密和智慧手機相連，並且產生及時的、巨量的、非結構化的商業資料。

這些資料中蘊含巨大的商業價值。企業如何管理、利用這些資料呢？

企業應該利用行動設備增加使用者黏性。根據國外社交網站的調查，行動設備普及後，人們花在 Facebook 等社交網站上的時間增加了 2 倍。移動設備是傳遞消費者行為資訊的強大管道。

現在，中國的智慧型手機普及率約 20%，還有一個極大的上升空間。相信不久的將來，智慧型手機在中國會更加普及，消費智慧也將越來越受到重視。

圖解！大數據下必學的統計基礎

作　　者：楊軼莘
譯　　者：H&C
企劃編輯：蔡彤孟
文字編輯：江雅鈴
設計裝幀：張寶莉
發 行 人：廖文良

發 行 所：碁峰資訊股份有限公司
地　　址：台北市南港區三重路 66 號 7 樓之 6
電　　話：(02)2788-2408
傳　　真：(02)8192-4433
網　　站：www.gotop.com.tw
書　　號：ACD014400
版　　次：2016 年 06 月初版
　　　　　2018 年 09 月初版四刷
建議售價：NT$350

國家圖書館出版品預行編目資料

圖解！大數據下必學的統計基礎 / 楊軼莘原著; H&C 譯. -- 初版.
　-- 臺北市：碁峰資訊, 2016.06
　　面；　公分
　ISBN 978-986-476-069-5(平裝)
　1.統計學
510　　　　　　　　　　　　　　　　　　105009718

讀者服務

● 感謝您購買碁峰圖書，如果您對本書的內容或表達上有不清楚的地方或其他建議，請至碁峰網站：「聯絡我們」\「圖書問題」留下您所購買之書籍及問題。(請註明購買書籍之書號及書名，以及問題頁數，以便能儘快為您處理)
http://www.gotop.com.tw

● 售後服務僅限書籍本身內容，若是軟、硬體問題，請您直接與軟體廠商聯絡。

● 若於購買書籍後發現有破損、缺頁、裝訂錯誤之問題，請直接將書寄回更換，並註明您的姓名、連絡電話及地址，將有專人與您連絡補寄商品。

● 歡迎至碁峰購物網
http://shopping.gotop.com.tw
選購所需產品。